Neuromanagement

Sergio Cardona Herrero

Neuromanagement

ALMUZARA
2008

© Sergio Cardona Herrero, 2008
© Editorial Almuzara, s.l., 2008

1ª edición: marzo de 2008

Reservados todos los derechos. «No está permitida la reproducción total o parcial de este libro, ni su tratamiento informático, ni la transmisión de ninguna forma o por cualquier medio, ya sea mecánico, electrónico, por fotocopia, por registro u otros métodos, sin el permiso previo y por escrito de los titulares del *copyright*.»

Colección economía • Serie economía y personas
Editorial Almuzara
Director editorial: Antonio E. Cuesta López
www.editorialalmuzara.com
pedidos@editorialalmuzara.com - info@editorialalmuzara.com

Diseño y preimpresión: Talenbook
Imprime: Taller de libros, s.l. [www.tallerdelibros.com]

I.S.B.N: 978-84-96968-56-1
Depósito Legal: CO-25-08
Hecho e impreso en España - *Made and printed in Spain*

Este libro os lo dedico, por orden de aparición, a Inma, Sergio, Diego e Isabel, porque sin vosotros la vida, incluido el cerebro, no tiene sentido.

Índice

Con mucho humor 15
Prólogo 17
Introducción 21

Capítulo primero
Algunos datos sobre el cerebro 29

Capítulo segundo
¿Qué es el *neuromanagement*? 49

Capítulo tercero
¿Cómo impacta lo que sabemos del cerebro sobre el management: es decir, *neuromanagement*? (1ª parte) 55

Capítulo cuarto
El modelo de Ned Herrmann 99

Capítulo quinto
Incomprensiones mutuas 107

Capítulo sexto
¿Cómo afecta a algunas técnicas de RR.HH.? (2ª parte) 119

Capítulo séptimo
Consejos para empresas, unidades de trabajo y personas 141

Capítulo octavo
Algunas reflexiones 195

Bibliografía utilizada 203
Anexo I. Soportes para *neuromanagement* 207
Anexo II. Cuaderno de bitácora 219

Sobre el autor 233

«Una de las ventajas de ser animal racional
es poder encontrar siempre una buena
razón para hacer lo que nos parezca.»
BENJAMÍN FRANKLIN. *Autobiografía*.

Con mucho humor

Con mucho humor, Sergio Cardona nos pasea por el mundo de la comunicación humana dentro de la empresa de la mano de su teoría sobre el funcionamiento del cerebro. La simpatía y acierto de los ejemplos que utiliza a lo largo del libro me evocan a tiras cómicas célebres como Dilbert, ya que caricaturizan de forma precisa episodios frecuentes en las relaciones entre departamentos y entre personas.

Como manager, he encontrado un libro eminentemente práctico que permite con sus técnicas sencillas entender y comenzar a desenredar nudos entre jefes y empleados que dificultan la vida de la empresa.

Recomiendo al lector el capítulo de incomprensiones mutuas: la gente que lo ha leído se siente identificada en las situaciones de incomunicación de manera muy gráfica. También me han llamado la atención la variedad de teorías sobre el cerebro que nos propone la curiosidad incansable de Sergio sobre el tema.

El capítulo de recomendaciones finales me ha parecido una propuesta muy práctica para comenzar a aplicar los aprendizajes del libro en el día a día de la empresa.

Te deseo que disfrutes con la lectura del libro y que lo encuentres útil para tu vida profesional.

Juan Antonio Esteban
Director General. InfoJobs.net

Prólogo

En 1981 y junto a David Hubel y Torsten Wiesel, Roger Sperry recibió el premio Nobel de Fisiología y Medicina por sus trabajos sobre las diversas funciones de los hemisferios cerebrales. Hubel y Wiesel lo recibieron por sus experimentos pioneros en visión.

Ya a mediados del siglo XIX el anatomista francés Paul Broca había descubierto que el lenguaje estaba localizado en la mayoría de las personas en el hemisferio izquierdo, por lo que a este hemisferio se le llamó el hemisferio dominante. Durante un largo periodo se especuló sobre las funciones del hemisferio no dominante, generalmente el hemisferio derecho.

Se inventaron métodos para enviar información selectiva tanto a un hemisferio como a otro en personas normales y, sobre todo, se estudiaron aquellos enfermos que habían sufrido una operación consistente en la sección del cuerpo calloso, la estructura compuesta por 200 millones de fibras que une un hemisferio con otro, para evitar la propagación de los focos epilépticos de un hemisferio a otro.

Los resultados de estos estudios pronto degeneraron en una visión un tanto simplista de la especialización de funciones de ambas mitades del cerebro. Pero lo más importante fue quizá olvidar que los resultados obtenidos en enfermos con cerebro escindido no podían reflejar la situación normal en la que ambos hemisferios están unidos por esos 200 millones de fibras, lo que hace suponer que, en condiciones normales, ambas mitades cerebrales funcionan conjuntamente.

Así, por ejemplo, el reconocimiento de caras familiares suele sufrir por lesiones en el hemisferio derecho, pero no siempre. Y aunque en la mayoría de las personas el lenguaje está localizado en el hemisferio izquierdo, eso no significa que el hemisferio derecho no tenga ninguna participación en el lenguaje en condiciones normales.

A todo esto, las modernas técnicas de imagen cerebral, como la resonancia magnética funcional y la tomografía por emisión de positrones, han corregido muchas de la división de funciones que se hizo en un principio en relación con los dos hemisferios.

Todo esto nos lleva a ser cautos a la hora de utilizar en demasía la dicotomía y el pensamiento dualista en la atribución de funciones a ambos hemisferios. Lo cual no debe estar reñido con un hecho que parece incontrovertible, a saber, que existe una división de funciones y que los hemisferios cerebrales no son iguales ni procesan de manera similar la información que reciben. Y esta diferencia no se limita a la corteza cerebral, sino también a las estructuras subcorticales, como las que forman el cerebro emocional también llamado sistema límbico. Diferencias que se han encontrado incluso en los niveles y distribución de sustancias químicas que se utilizan en el cerebro como neurotransmisores.

Los diferentes resultados de lesiones que afectan a un resultado o a otro confirman que estos son funcionalmente diferentes y es posible deducir que existen personas con un desarrollo mayor de las funciones de un hemisferio en relación con el desarrollo de las funciones del otro. Naturalmente, es difícil llegar hasta extremos en los que se pueda decir que alguien es «derecho» o «izquierdo» simplemente. Pero eso no impide, desde el punto de vista operativo, tal y como se plantea en este libro el autor, intentar una mejor comprensión del funcionamiento de las distintas personas en un colectivo como es la empresa.

No estamos en condiciones de poder saber con toda seguridad cuáles son las funciones de los hemisferios y menos cómo ambos hemisferios en circunstancias normales colaboran en un individuo. Pero tampoco es de recibo que tengamos que esperar hasta que la neurociencia aclare todos estos conceptos exhaustivamente para poder empezar a aplicar lo poco que conocemos.

Es en este sentido en el que hay que alabar la intención del autor de procurar mejorar las relaciones entre los distintos individuos que componen una empresa con el fin de optimizar el trabajo y, sobre todo, el rendimiento de cada uno de ellos. Sería absurdo tener que esperar hasta que la neurociencia haya descubierto hasta el último detalle todos los pormenores de las funciones hemisféricas para poder aplicarlos. Nunca se ha hecho así en otros campos, más bien se ha aprovechado lo que se sabe para aplicarlo prácticamente en beneficio de un mejor funcionamiento del individuo o de los distintos estamentos sociales. Pensemos en la psicología y sus aplicaciones y, sobre todo en la base neurocientífica de muchas de ellas.

En resumen, si lo poco que sabemos aún de las funciones hemisféricas sirve para mejorar las relaciones humanas en colectivos como las empresas vale la pena el intento.

F. J. Rubia

Introducción

El libro ya está escrito. El prólogo es lo último que se escribe. Ya sé qué aspecto tiene y en qué se parece o se diferencia en aquellas ideas que me bailaban en la cabeza. Por ejemplo, ha salido un poco más largo de lo que esperaba. Al principio no sabía si iba a tener material suficiente para escribir un libro el esquema ha ido creciendo según lo escribía, lo que le ha dado una forma extraña que al final he respetado porque me parece más amena.

Déjame, por favor, que disperse esta introducción y haga memoria de mi interés por el cerebro. Fue hace muchos años. En una librería tomé un libro y me quedé fascinado por el título. Lo compré a pesar de que yo era un poco pequeño para el libro y el esfuerzo económico fue duro para mi presupuesto de aquellos años (todavía me acuerdo). Me leí el libro de un tirón. No sé si se me escaparon muchas cosas, las historias que allí se contaban eran increíbles y estaban tan bien escritas. Se trataba de *El Hombre que confundió a su mujer con un sombrero* de Oliver Sacks. Años más tarde volví a leer el libro y tardé mucho más en hacerlo, no sé si disfruté tanto, pero creo que aprendí más.

El cerebro me parece un órgano fascinante. Es tener un universo dentro de la cabeza. Complejo, inteligente y tonto (perdón por ambas expresiones) a la vez; capaz de hacer deducciones complicadísimas y de dejarse engañar por un juego óptico; apto para interpretar constantemente la ingente cantidad de información que recibe y filtrarla para que no nos volvamos locos.

En los últimos años parece que el cerebro se está dejando ver. Las nuevas máquinas capaces de grabar al cerebro en movimiento (todavía con algo de desfase) comienzan a descifrar cómo funciona el cerebro, aunque no el porqué. Curiosamente, hipótesis que existían desde hace muchos años parece que se van confirmando. Su velocidad al procesar información y tomar decisiones es pasmosa: seiscientas milésimas de segundo. Y esto desde el *Homo sapiens sapiens*. También asombra que esta velocidad, a la que probablemente debamos la supervivencia de la especie, actúa antes de que la información alcance la parte del cerebro en donde reside la conciencia. Estos y otros descubrimientos, agrupados en lo que se llama la «neurocultura», amenazan con trastocar lo que sabemos en todos los campos del conocimiento. ¿Por qué el *management* iba a quedar al margen de esta marea?

Existen muchos temas del *management* que pueden abordarse desde una perspectiva «neuro». ¿Por qué la misma forma de dar una orden funciona con unas personas pero no con otras aunque todas pongan buena voluntad? ¿Por qué se me da bien tener ideas nuevas para el trabajo pero me pierdo en los temas concretos y se me escapan muchos detalles? ¿Por qué hay gente muy eficaz al comienzo de los proyectos y otros que no se activan hasta el final? ¿Puede mi cerebro estar jugando a la contra de un colaborador mío cuando le hago la evaluación de desempeño? ¿Por qué hay participantes que disfrutan en un tipo de curso mientras otros se desesperan? ¿Qué tenemos que aprender del cerebro en temas de humanidades y personas en las organizaciones? A la aplicación de los descubrimientos sobre el cerebro al campo del *management* le he llamado con el anglicismo de «*neuromanagement*». Estuve dudando la traducción del término por «neuroliderazgo», pero creo que no es exactamente lo mismo. Mis estudios son de Psicología Social dentro de la carrera de Sociología. Afortunadamente, me educaron dentro del eclecticismo y sin perder mucho tiempo y energía en decidir qué etiqueta ponerme a mí o a otros colegas. Esto me ha permitido abordar el tema desde distintos puntos de vista sin demasiada culpabilidad (y con algo de inconsciencia). Voy acumulando una cierta experiencia en el campo de los Recursos Humanos —en adelante, RR.HH.— (que conste que estoy de acuerdo con Peter Sengue en que los humanos no somos recursos). Llevo veintiséis años realizando mi vida profesional desde dentro de las empresas o como consultor. He tratado con muchos tipos de mandos y creo que he visto bastantes situaciones en las que el cerebro jugaba un papel clave... ante la inconsciencia de sus dueños. He leído muchos libros sobre el cerebro. Aunque suene un poco tonto es mi afición, mi *hobby*, me gusta leer sobre el tema. He mantenido algunas conversaciones con estudiosos del cerebro para confirmar que lo que vas a leer aquí está sustentado por la ciencia..., al menos a fecha de hoy. También me he entrevistado con mandos para comentar algunas de las hipótesis del libro. No se trata de un estudio generalizado, sino más bien de víctimas despistadas que se me han puesto a tiro. En la actualidad, dirijo una pequeña consultora en Madrid, que además tiene otras sedes en Barcelona, México, Costa Rica y Miami. Mi punto fuerte es el liderazgo, por eso verás que en ocasiones cuando escribo sobre el cerebro, adopto algún tono de duda, que abuso de la expresión «creo» y que, en cuanto es posible, acudo a la autoridad de los que saben del tema. Esto último lo verás sobre todo al principio del libro, pero luego el nivel de citas se relaja mucho.

El libro está estructurado en cuatro partes (hubieran podido ser dos pero se mezclaban muchos temas de distinta naturaleza y se hacían demasiado largos y complicados). En la primera parte, te presento el cerebro, no con una idea de exhaustividad, sino para que conozcas qué sucede dentro en aquellos temas que luego tendrán repercusiones sobre el *management*. Esto ocupa hasta el tema tres, en el que abordamos el tema del *neuromanagement* en técnicas de mando de cara a cara: motivar, dar órdenes,... Me gustaría que quedara claro que tal y como están cambiando las cosas en las organizaciones, un mando no tiene necesariamente gente a su cargo. Puede ser responsable de proyectos sin mando, o que sus colaboradores sean de otra empresa, o que no tenga mando alguno y tenga que hacer todo lo que realiza un mando. No te asustes ante esa palabra. Creo que el *neuromanagement* nos afecta a todos los que trabajamos en organizaciones o fuera de ellas. La segunda parte del libro comienza con *el modelo de Ned Herrmann* y sus cuatro dominancias cerebrales. Me parece una aportación excelente y que pedagógicamente es muy buena. Yo prefiero simplificar con dominancia (te hartarás de esta palabra a lo largo del libro) izquierda y derecha porque creo que es más eficaz, pero eso no contradice el modelo de Herrmann. Los temas cuatro, cinco y seis tratan de su modelo y las implicaciones en el trabajo y se retoma el impacto sobre temas de RR.HH. más macro que en la sección anterior: evaluación de desempeño, formación... La tercera parte son los capítulos siete y ocho. En el siete, me permito dar consejos a las organizaciones, a las unidades de trabajo y jefes y a las personas individualmente. Algunos de estos consejos tienen una vinculación directa con el *neuromanagment* y otros no tanto, pero me parecen importantes. Al final, se cierra esta parte con algunas reflexiones sobre el mando y lo que sabemos del cerebro. La cuarta parte te pide un poco más de actividad. He reunido todos los soportes del libro en un anexo para que te sea más fácil utilizarlos en tu trabajo. Me encanta la teoría y también las herramientas. Mi deseo es que encuentres ambas en el libro y que disfrutes con las dos. En este apartado, tienes un cuaderno de bitácora, que es algo que usamos mucho en *InterManagement*. Se trata de que al terminar de leer cada capítulo reflexiones y obtengas tus propias conclusiones sobre lo que estás leyendo, de esta manera sacarás más jugo al libro.

No me atrevo a decirte lo que se puede esperar del *neuromanagement*. Desde luego, creo que los jefes que lo apliquen mejorarán sus habilidades y que sus colaboradores obtendrán mejores resultados con menos esfuerzos. Creo, asimismo , que se podrán evitar algunos errores graves que dificultan el desarrollo de mandos y colaboradores. En la actualidad, imparto charlas y seminarios sobre el tema y la reacción de los participantes suele ser muy buena. A veces se me enfada alguno en clase, pero es que mi sentido del humor, como podrás comprobar a lo largo del libro, puede tener algunas gotas de ácido. Ahora estoy trabajando sobre el *neuromanagement* para comerciales y directores de oficinas de bancos y cajas de ahorro y directivos. Creo que las variaciones son múltiples en cada área. Espero que tengamos aportaciones significativas para los diversos campos profesionales.

También soy consciente de que los avances en el conocimiento del cerebro se suceden a gran velocidad y que habrá que renovarse. Es posible, por no decir seguro, que algunas de las conclusiones del libro sean rebatidas o queden desfasadas por nuevos descubrimientos, pero no creo que invaliden todo. He procurado no ser fantasioso y ceñirme a lo que las autoridades en materia del cerebro dan por seguro.

Vamos cerrando esta introducción o, si lo prefieres, estamos llegando a la fase de los agradecimientos (te lo digo por si no eres conocido mío y quieres saltarte esta parte, te entiendo). Seguro que me olvido de alguien y quedaré mal, así que pido disculpas de antemano. El profesor Francisco J. Rubia, especialista y autoridad en esto del cerebro, accedió a hacerme el prólogo científico del libro y Juan Antonio Esteban, Director General de *InfoJobs* y también conocedor de los recovecos del cerebro, me hizo el prólogo desde el mundo de la empresa, a ambos mi gratitud y reconocimiento. Muchas gracias a Pilar Ruiz, Inmaculada Salve y Sixto Jansa, que han contribuido con sus comentarios, reflexiones y apoyo a que el libro esté terminado. Vuelvo a nombrar a Sixto porque él no lo sabe, pero hace unos meses, después de estar pensando casi toda la noche, decidí abandonar el proyecto. Él fue la primera persona con la que me encontré al día siguiente y me dijo: «Creo que con el *neuromanagement* has dado con algo importante». Así, esa misma tarde retomé el proyecto. También quiero nombrar a David Martín que es otro entusiasta del cerebro y nos hemos echado unas cuantas conversaciones sobre el tema (y una comida memorable). Iñigo Camuñas aporta la parte descreída del tema, pero eso no significa que no hiciera aportaciones, ni que no ayudara a reforzar algunas de mis ideas. Pablo López Bergia y José Luis del Valle me impulsaron mucho, tanto en la creación de la nueva empresa como en la redacción del libro, les estoy agradecido. Agradecer a Miguel Lebón sus comentarios sabios sobre el libro. Mis ex compañeros de *Cade*, Montse Golvano, Sonia Cejudo, Paco Campos y Antonio Manso, que catorce años no pasan en balde y fueron los primeros a los que conté de qué iba eso del *neuromanagement*. Mis compañeros de la Escuela ESCP-EAP también han sufrido algunas de mis reflexiones sobre el tema, en especial mis alumnos que, ante la proximidad de un examen, se muestran de acuerdo con mis ideas. Mis compañeros de *InterManagement* han contribuido con sus charlas y apoyo a este libro. Con Jesús Berruezo y Antonio Cantó hablamos muchas veces pero recuerdo con más intensidad una conversación bajo la fantástica cubierta del Mercado de Santa Catalina en Barcelona. Con Paco Grande he tenido algunas charlas sobre el yo, el alma y el cerebro hasta que la cabeza se nos pone caliente y los pies fríos. Domingo Abad y Julio Adell me mortifican con sus bromas y verdades a medias, de ésas de que te ríes y que luego te hacen volver a pensar en los temas. Raquel Martí aporta la mirada escéptica con la que me para cada vez que mis ideas se van por los cerros de Úbeda.

Con Maruxa Solís, en nuestra oficina de Plaza Castilla, nos hemos echado buenas parrafadas mezclando autoestima, optimismo y *neuromanagement*. Gracias por tu apoyo y reflexiones.

En otro orden de agradecimientos, hay dos mayores a los que debo mucho: Concha Aparicio Cuevas que me enseñó lo que era la ética, el esfuerzo, la memoria y el trabajo por los demás y el P.

Antonio Montes, que me metió el veneno de la literatura y del que todavía no he logrado desintoxicarme.

También dar las gracias al personal de la Editorial Almuzara, que confió en el libro y me dieron ánimos desde el primer momento.

Dejo para el final a los de casa, que escuchan con cariño mis pedanterías sobre el cerebro. Tengo el despacho en pleno caos y el jardín bastante abandonado. Inma ha demostrado tener grandes dosis de paciencia con el libro y mis encerronas en el despacho. A Sergio le quiero agradecer su seriedad, a Diego sus preguntas imposibles y a Isabel lo cariñosa e incisiva que es. Por último, admirar la paciencia de Mimí en las horas que me acompañó tumbada en el sofá, aunque podría echar menos pelo.

Disculpas, una vez más, si me he olvidado de alguien. Pasemos a ver qué es eso del *neuromanagement*.

El Casar, Guadalajara, España, verano del 2007

Capítulo primero

Algunos datos sobre el cerebro

1. *Dos historias*

> «Dos hombres paseando por un jardín: dos jardines.»
> Proverbio árabe

Primera historia: Comercial contra Logística

Juan es Jefe de Área Comercial. Su labor consiste en que los clientes estén contentos y repitan pedidos. A pesar de la fama que tienen los comerciales, Juan es muy ordenado. Le gusta programar todo hasta el último detalle, pero sabe que esto rara vez es posible con los clientes que a su vez tienen otros clientes... Ayer a última hora necesitó hacer un envío especial. Así que, según los datos, lo que sucedió fue que:

- A las cinco de la tarde solicitaron un envío especial.
- Logística respondió que a esas horas no podían prepararlo.
- Solicitaron un camión pequeño para facilitar las cosas.

- Es cierto que la ruta no era la habitual, pero eso no tiene por qué ser una dificultad.
- Al final del día, a las ocho de la tarde, recibieron un correo electrónico de parte de Logística comentando que no sería posible dar salida a su petición hasta el día siguiente a la una del medio día.

Luis es responsable de Logística del turno de tarde. Él tiene claro que los envíos han de salir de manera que cumplan las expectativas de los clientes. Sabe que el trabajo comercial es duro y que no pueden planificar siempre a pesar de los esfuerzos de Juan. Hoy están especialmente desbordados porque pasado mañana tienen una feria y han de servir muchos pedidos. Su hijo pequeño lleva dos días con fiebre, la última vez que se puso así acabó quince días en el hospital. Para él lo que sucedió fue que:

- Estaban cerrando el día. Los camiones se iban llenando según la programación, que terminaría a las diez de la noche.
- Entró un pedido especial de Comercial. Estuvo mirando cómo darle salida, pero no encontró manera.
- Encima, Comercial les dice cómo tienen que hacer las cosas pidiendo un camión pequeño. Logística sabe cómo tienen que hacer las cosas sin que se lo tengan que decir.
- Además, solicitan una ruta poco habitual... para acabar de complicar las cosas.
- Sigue mirando cómo atender su petición, pero al final, se da por vencido
- Es tarde. Está cansado. Ha llamado a casa y el niño sigue con fiebre. Deciden llevarlo a urgencias. Antes de salir, manda un correo electrónico a Comercial diciéndoles que no ha podido ser y adelantando el pedido lo antes posible. Es consciente de que Comercial se va a enfadar, pero no es posible hacer nada más.

¿Qué ha sucedido?

Es una situación frecuente en las empresas. En la cadena de servicio, cada eslabón aprieta a los clientes y proveedores internos para atender lo mejor posible al cliente externo. Ambos han intentado hacerlo lo mejor que sabían, aunque el resultado no ha sido el mejor... quizás haya sido el mejor posible.

Pero éste no es el nivel de análisis que queremos. Lo que nos llama la atención son las distintas formas de vivir la misma historia. Juan, el comercial, se ha expresado con datos. Luis, de Logística, se ha expresado con sentimientos, se ha molestado por la sugerencia del camión pequeño o, al final, ha inferido que los de Comercial se iban a enfadar.

Lo que estamos viviendo son dos cerebros distintos en acción. El comercial, que tiene una dominancia de hemisferio izquierdo, y el logístico, que tiene una dominancia de hemisferio derecho. ¿Podrían haber hecho las cosas de otra manera? Formulando la misma pregunta de otra manera: ¿qué habría pasado si Juan, el comercial, hubiera tenido una predominancia de hemisferio derecho? Creo que se hubiera acercado a Luis, de Logística, y hubiera charlado con él. Quizás con un café en la mano hubieran conversado. Juan le hubiera contado el problema del cliente, le hubiera dicho que el camión no tenía importancia y, si hubiera sabido lo de su hijo, le habría preguntado por él. Esto no significa que el camión hubiera salido, pero la disposición de Logística no habría sido tan defensiva, lo mismo se le hubiera ocurrido una alternativa. En cualquier caso, la historia hubiera transcurrido de otra manera..., aunque sin garantizar otro resultado, claro.

Segunda historia: repita este informe.

Laura es especialista en temas de calidad. Su jefe le ha pedido que realice un informe sobre la tramitación de pedidos urgentes en la empresa. Últimamente, ha habido varias quejas. Laura cree que es fundamental modificar los procedimientos teniendo en cuenta la opinión de los que participan en ellos. Se ha tomado muy en serio este informe y lo ha trabajado a fondo. Ha entrevistado a mucha gente y ha repasado varias veces el flujograma. Ha descubierto que puede proponer varias mejoras porque, cuando se hizo la propuesta original, no existía un programa informático que ahora está implantado en la empresa. Así que ha elaborado un informe extenso sobre por qué se han cometido esos errores y cómo evitarlos. Está orgullosa de su trabajo. Su jefe, Ricardo, ha visto el informe y se ha enfadado bastante. Él no ha pedido eso. Sólo quiere saber si se han seguido las instrucciones tal y como marcan los procesos... que para eso están. Al final, ha puesto una cara muy seria a Laura y le ha dicho: «Repita este informe». Laura iba a pedir explicaciones, pero al ver la cara de pocos amigos de Ricardo, ha preferido plantear el tema en otra ocasión.

Es posible que Laura no sepa que Ricardo es el autor del proceso de pedidos urgentes y que lo considera casi perfecto. Pero una vez más, este nivel de las cosas, aunque aporta datos que explican, no es el que queremos. Lo que nosotros queremos es «mirar» dentro de sus cabezas.

Seguro que Laura tiene una dominancia de hemisferio derecho. Tiene curiosidad intelectual. No se trata sólo de mirar en dónde han fallado, sino de ver cómo evitar ese tipo de errores. Pero Ricardo es claramente de hemisferio izquierdo. Atento al detalle, quiere exactamente lo que ha pedido. No quiere sorpresas, por buenas que sean. Tampoco quiere dar *feedback* a Laura, a la que considera una profesional. No necesita decirle nada, da por supuesto que está preparada para hacer ese trabajo. Los discursitos sobran. Probablemente, ninguno de los dos es consciente de que sus cerebros han procesado la información de forma distinta y han llegado a conclusiones distintas. Uno quiere saber qué ha pasado, la otra quiere mejorar el sistema de trabajo. Ricardo, como jefe, debería haber tenido en cuenta la dominancia cerebral de Laura y, por lo tanto, saber cómo tenía que haberle expuesto los datos y escucharla. Pero para hacer eso, debería conocer alguno de los principios del *neuromanagement*, que es lo que vamos a hacer a lo largo de este libro.

2. *Fisiología del cerebro «para mandos»*

Casi puedo oír las carreras mientras dejan caer el libro. Se acercan unas páginas «terribles» en las que trato de describir con palabras lo que a estas alturas del siglo debería verse con imágenes en movimiento. Bueno, antes de internarse en el capítulo, estaría bien aclarar algunas cosas. El que escribe esto es un experto en mando y un aficionado en temas del cerebro. No tengo especiales conocimientos, aparte de haber leído unos cuantos libros, haber charlado con gente interesante y ser experto en temas de mando (o, al menos, llevo veintisiete años comiendo del tema desde diversas perspectivas). Con esto quiero decir que no se va a encontrar con palabras de más de cinco sílabas. En el libro no hablaremos del tema de los neurotransmisores porque confundo unos con otros y sólo pensar en escribirlos me entran sudores (sí, ya se que neurotransmisores tiene más de cinco sílabas, pero el cerebro nos engaña mucho).

Cuando en el título del capítulo puse «para mandos» no quería decir nada parecido a «para *dummies*», «para tontos» o algo por el estilo. Tampoco quiero decir que sólo indicaré aquellos datos del cerebro que sean necesarios para entender el *neuromanagement*. Seguro que doy datos que no sirven para nada. Por ejemplo, «En un fragmento de cerebro del tamaño de un grano de arena hay: 100.000 neuronas, dos millones de axones y mil millones de sinapsis». No sé para qué sirve, pero no me diga que no le impresiona. Vamos a echar un vistazo al órgano más evolucionado del ser humano, así que tratemos de tener una visión global del mismo. Aunque le aviso, algunos de los datos no servirán para nada. Para mí el conocimiento más divertido es precisamente ése que, en principio, no sirve para nada. Si no, ¿cómo cree que se me ocurrió mezclar en un mismo libro cerebro y mando?

No pretendo aburrirle con un montón de datos sobre el cerebro, pero hablaremos sobre el éste y luego veremos las implicaciones que tiene para el mando y el profesional. Supongo que todo lo que va a leer tiene alguna vinculación sobre cómo mandamos o comunicamos, aunque no se lo aseguro al cien por cien. Quizás por eso comenzamos por identificar a qué nos referimos al hablar de cerebro humano. Desde cuándo, como especie, tenemos este cerebro.

2.1. El mismo cerebro que los primitivos

Sí, eso parecen señalar las investigaciones y, para este capítulo, seguiremos algunas de las explicaciones del libro *El cerebro nos engaña*[1]. Uno de los datos que aporta es que: «El cerebro del *Homo sapiens* no ha evolucionado, desde el punto de vista biológico, desde su aparición sobre la tierra hasta nuestros días»[2]. Así que no seamos tan fantasmas presumiendo de «cabeza bien amueblada», que no es para tanto.

En cuanto a la capacidad craneal, no hemos crecido desde el Hombre de Cromañón, pero en la actualidad sabemos que el peso de un cerebro concreto, dentro de unos límites, no es fundamental para determinar nuestra capacidad de inteligencia o de resolver problemas.

Para acabar de deprimirnos, el mismo autor, Francisco Rubia, señala que «La estructura micro y macroscópica de los cerebros de chimpancés y humanos no difieren tanto»[3]. Parece ser que

---

1   RUBIA, FCO. (2007a): *El cerebro nos engaña*, Madrid: .Editorial Temas de Hoy.
2   Ibidem, p. 95.
3   Ibidem, p. 93.

la diferencia fundamental está en el número de neuronas que tenemos y en algún tipo de neuronas en el que ganamos por goleada.

El cerebro del *Homo sapiens* tiene unos 30.000 años[4] y desde entonces no ha cambiado.

Pero la conclusión que nos debe dejar pensativos es que atacamos a los problemas de hoy con una especie de fósil viviente. Nuestra equipación cerebral no está precisamente actualizada. Atacamos nuestros desafíos con un órgano del pasado. Así que cuando un jefe pierde el control y se pone a chillar y sus colaboradores piensan que se está comportando como un orangután, es posible que no estén tan equivocados. Aunque es adelantarnos un poco, podemos señalar que nuestro equipamiento es muy bueno para los peligros inmediatos, pero no para aquellos cuyas consecuencias tardan en llegar. También está equipado para peligros poco usuales en nuestros días. Si un niño pequeño ve una serpiente, su cerebro le dirá que es algo peligroso, viene en nuestro equipamiento genético. Pero si el mismo niño ve un enchufe, cosa bastante más probable que lo de la serpiente, nada le avisa del peligro. ¿No sucederá lo mismo con algunos temas del mando? Casi seguro que sí, pero ya lo iremos viendo. De hecho, según el antropólogo Lévy-Bruhl, el pensamiento primitivo y el moderno conviven en el cerebro contemporáneo, por lo tanto proceden de estructuras cerebrales distintas. Es decir, que tenemos algunas creencias y prácticas que están rigurosamente desfasadas pero que todavía están allí. Sin duda, algunas de ellas tienen que ver con la manera en que organizamos el trabajo, hacemos reuniones, obedecemos y otros asuntos similares.

¿Qué es lo que hizo que el cerebro ganase en habilidad? Algunos autores, incluido Darwin, señalan el lenguaje como uno de los mayores avances, y otros, nuestra capacidad de representación. Representamos cosas reales, pero también otras que sólo

---

4   RUBIA, FCO. (2006): *¿Qué sabes de tu cerebro?*, Madrid: Editorial Temas de Hoy,.p. 56.

nosotros imaginamos y después llevamos a la realidad. No vamos a profundizar sobre qué nos hizo humanos, eso nos puede llevar muy lejos.

El cerebro de los animales evolucionó añadiendo capas y más capas de neuronas sobre una serie de órganos cerebrales que compartimos con los animales. De esto trata el siguiente apartado.

2.2. Los tres cerebros de MacLean

Todas las divisiones del cerebro parecen condenadas a ser pedagógicas y poco científicas. Algunos autores han llegado a hablar de metáforas. Aquí nos referiremos a ellos como modelos. Es posible que no sean exactos, pero desde luego sirven para orientarnos, son una especie de maquetas que nos ayudan a entender qué está pasando.

MacLean describió el cerebro como una acumulación de tres cerebros, reptiliano (protoreptiliano), mamífero (paleomamífero) y el cerebro de la especie humana (neomamífero). Cada uno con sus funciones propias y su subjetividad, con su inteligencia.

El cerebro reptiliano lo tenemos en común con reptiles y anfibios. En él residen las instrucciones para respirar, hacer la digestión...

El cerebro mamífero es común a todos los mamíferos, claro. Coincide con lo que hoy llamamos sistema límbico. Sus órganos más conocidos son la amígdala, el tálamo y el hipocampo, con los que nos encontraremos más adelante cuando queramos mejorar algunas conductas vinculadas al *management*. Allí residen las conductas de ataque o huida, la comunicación audiovocal, la conducta lúdica... Es decir, el equipamiento que nos permite un abanico de respuestas rápidas pero limitadas.

El tercer cerebro es el humano. Nos permite un abanico de respuestas mucho más amplio que los otros dos. Podemos evitar e inhibir algunas de las conductas estereotipadas (o sea, que el jefe que se puso a gritar como un orangután podría evolucionar hacia un *Homo sapiens*, por ejemplo). Este último cerebro, una vez terminado de formar, nos permite predecir las consecuencias de nuestras acciones o el impacto que estamos causando en los demás.

Por resumir, podemos decir que el cerebro tiene tres niveles o pisos. En la base o piso bajo están las conductas automáticas, que nos permiten vivir y que, en principio, están fuera de nuestro control. Decida usted no respirar y verá lo que sucede. Ese cerebro es automático y, por lo tanto, no debemos preocuparnos de él. En el segundo piso se encuentra el sistema límbico, en el que residen nuestras emociones y cuya respuesta a un estímulo exterior es rápida, más rápida que nuestra conciencia. Y en el tercer nivel se encuentran los procesos conscientes. Se estima que sólo «un dos por ciento de la masa cerebral está ocupada en procesos conscientes»[5]. Por tanto, «¿Estamos mandando de forma consciente?» o «¿Tomamos las decisiones conscientemente o nos limitamos a justificar las decisiones que ha elaborado nuestro sistema límbico?» —que, por cierto, elabora muy poco—, son preguntas que, irremediablemente, nos tendremos que hacer más adelante.

2.3. *Estructura del cerebro*

Nos acercamos a uno de los capítulos más «duros» del libro. Para no cometer errores, vamos a seguir la descripción de la estructura del cerebro que realiza Antonio Damasio en *El error de Descartes*, su libro más conocido[6]. Si por el contrario quiere profundizar más en este tema, le daré algunas referencias de Internet que vienen con fotos e ilustran las distintas partes del

---

5   RUBIA, FCO. (2007a), p. 145.
6   Vid. DAMASIO, A. (2001): *El error de Descartes*, Barcelona: Editorial Crítica.

cerebro. Aquí trataremos de que llegue a la conclusión de que su cráneo contiene un sistema de sistemas. Esto nos lleva a la comparación del cerebro con un ordenador, aunque a decir de casi todos los neurólogos, ya le gustaría al ordenador. A mí las metáforas que saltan del mundo artificial al natural me parece eso que me decían en el colegio: sumar peras con manzanas. En fin, controlaré mi hemisferio derecho, le pasaré el control al izquierdo y les haré un resumen de los pasajes más destacados de las páginas 41-44 de Damasio. Adelante, y no se asusten pasen a conocer al «inquilino» de su cabeza.

> «Cuando consideramos el sistema nervioso en su totalidad, podemos separar fácilmente sus divisiones central y periférica. ...Además del cerebro, con sus hemisferios cerebrales izquierdo y derecho unidos por el cuerpo calloso, el sistema nervioso central incluye el diencéfalo, el mesencéfalo, el tallo cerebral, el cerebelo y la médula espinal.
>
> El sistema nervioso central se halla conectado ‹neuronalmente› a casi todos los rincones y grietas del resto del cuerpo mediante nervios, cuyo conjunto constituye el sistema nervioso periférico. Los nervios transmiten impulsos del cerebro al cuerpo y del cuerpo al cerebro[7]. Sin embargo, cerebro y cuerpo también están interconectados químicamente, mediante sustancias tales como las hormonas y los péptidos, que son liberadas en uno y alcanzan al otro a través del torrente sanguíneo.
>
> El cerebro tiene materia gris, aunque su color real suele ser pardo más que gris. Los sectores más pálidos se conocen como materia blanca. La materia gris corresponde en gran parte a conjuntos de cuerpos neuronales, mientras que la materia blanca corresponde principalmente a axones o fibras nervio-

---

7 N.A: Quizás esta nota sea una perogrullada, pero sería más correcto decir que el cerebro transmite impulsos al resto del cuerpo, y no al cuerpo. De la manera en la que lo describe Damasio, el cerebro no parece formar parte del cuerpo, lo que puede dar lugar a algunos malentendidos. Pero, evidentemente, la descripción de Damasio sigue siendo una de las mejores con respecto a la claridad y exactitud.

sas que emanan de los cuerpos celulares de la materia gris. La materia gris se presenta en dos variedades. En una de ellas, las neuronas están dispuestas en capas como en un pastel y forman una corteza... En la segunda variedad de materia gris, las neuronas... se organizan como si fueran avellanas dentro de un cuenco. Forman un núcleo...

La estructura cerebral a la que la neurociencia ha dedicado más esfuerzo es la corteza cerebral. Puede visualizarse como un amplio manto del cerebro que recubre todas sus superficies, incluidas las localizadas en la profundidad de grietas llamadas fisuras y surcos, que confieren al cerebro su característico aspecto convoluto. El grosor de este manto multicapa es de unos tres milímetros y las capas son paralelas entre sí y la superficie del cerebro...

El tejido nervioso (o neural) está compuesto por células nerviosas (neuronas) sostenidas por células gliales...

Las neuronas tienen tres componentes importantes: un cuerpo celular; una fibra principal de salida, el axón; y fibras de entrada o dendritas. Las neuronas están interconectadas en circuitos en los que existe el equivalente de alambres conductores y de conectores...

Las sinapsis pueden ser fuertes o débiles. La fortaleza sináptica decide si los impulsos continúan desplazándose o no hasta la próxima neurona y con qué facilidad. En general, en una neurona excitadora, una sinapsis fuerte facilita el desplazamiento de los impulsos, mientras que una sinapsis débil lo impide o lo bloquea...

En realidad, muchas neuronas hablan sólo a neuronas que no están muy alejadas, dentro de circuitos relativamente locales de las regiones corticales y los núcleos.

    Niveles de arquitectura neural:
        Neuronas
        Circuitos locales
        Núcleos subcorticales
        Regiones corticales

Sistemas
Sistemas de sistemas

El cerebro es un supersistema de sistemas.»

Hasta aquí la extensa cita de Antonio Damasio, que creo que nos permite conocer la arquitectura cerebral.

Ahora voy a dar algunos datos, pocos, sobre dos grandes autopistas que tenemos en el cerebro, una en la parte límbica y otra en la parte cortical. Para ello voy a seguir a Daniel Goleman en su libro *Inteligencia social*. Creo que es un autor muy considerable. Quizás no inventó nada, «sólo» mezcló y empaquetó algunos conceptos, pero tuvo el gran mérito de meter el cerebro en las discusiones de las empresas con su libro *Inteligencia emocional*. El hecho de meter el cerebro en los libros de *management* creo que es suficiente mérito, si bien su obra escrita me parece muy atractiva. En este caso, la cita es más reducida que la anterior, pero sus repercusiones sobre la forma en la que ejercemos el mando o la toma de decisiones pienso que es importante.

«La‹vía inferior› del cerebro se refiere a los veloces circuitos cerebrales que operan automáticamente y sin esfuerzo alguno por debajo del umbral de la conciencia.»[8]

«La ‹vía superior›, por su parte, discurre a través de sistemas neuronales que operan más lenta deliberada y sistemáticamente. Gracias a ella, podemos ser conscientes de lo que está ocurriendo y disponemos de cierto control sobre nuestra vida interna, que se halla fuera del alcance de la vía inferior.

La vía inferior opera con sentimientos, mientras que la superior lo hace considerando con más detenimiento lo que está ocurriendo.

Simplificando mucho las cosas, podríamos decir que la vía

---

8 GOLEMAN, D. (2006): *Inteligencia social*, Barcelona: Editorial Kairós, pp. 30ss. Una vez más encarecerle la lectura de este libro que le facilitará unas horas de lectura agradable y provechosa para su desarrollo personal y profesional.

inferior discurre por circuitos neuronales que pasan por la amígdala y nódulos automáticos similares, mientras que la superior, por su parte, envía señales a la corteza prefrontal, centro ejecutivo del cerebro y asiento de la intencionalidad, lo que explica que podamos pensar en lo que nos está sucediendo.

La vía inferior es rápida y difusa, al contrario la superior es lenta y exacta.

Lo único que la vía superior puede hacer cuando la inferior ya ha reaccionado es aprovechar las cosas lo mejor que pueda.»

Para aclarar un poco más esto de las vías rápidas y lentas, le pondré un ejemplo. Si se encuentra en un local abarrotado y comienza a oler a humo, es seguro que se pondrá en movimiento. Aproximadamente en los primeros quinientos milisegundos, antes incluso de tomar conciencia de lo que está sucediendo. Hasta ahora sólo ha funcionado su cerebro límbico. A partir de este tiempo, se dará cuenta de que el local parece estar incendiándose, por lo que no vale correr hacia cualquier sitio. Tratará de localizar el punto de fuego y aquí se abrirán varias posibilidades. Si el foco es reducido, puede tratar de apagarlo. Recordará los consejos sobre incendios del curso de Prevención de Riesgos. Recordará todas las salidas posibles. Evaluará otras alternativas como las ventanas. En fin, no quiero angustiarle más porque se trata de un ejemplo falso, pero la que ha evaluado la situación era su parte cortical. La parte más elevada de su cerebro... y un poco más lenta que la que le hizo correr sin saber adónde.

Me gustaría destacar dos datos:

- El cerebro tiene como misión sobrevivir (y que el resto del cuerpo sobreviva también, claro).
- El cerebro no acaba de formarse hasta los veinticuatro años aproximadamente[9] (sobre todo los lóbulos frontales, que

---

9 N.A: Que el desarrollo definitivo de los lóbulos frontales marca la madurez del cerebro y se da, más o menos, en esa edad lo sostiene una de las autoridades en la materia como es Golberg (vid. ELKHONON GOLBERG, E. (2006): *La paradoja de la sabidu-*

parecen dirigir la acción intencionada del cerebro). Este dato también es importante para entender algunos conflictos generacionales o la evolución del estilo de mando en personas que han sido jefes desde muy jóvenes.

3. Diferencias entre hemisferios

3.1. Casi dos cerebros

Todos los mamíferos tienen dos hemisferios: izquierdo y derecho. Al comienzo de los estudios neurológicos, se prestó más atención al hemisferio izquierdo, quizás por ser más grande y porque en él reside (generalmente) el lenguaje. Desde 1864, Paul Broca estaba convencido de la implicación del hemisferio izquierdo en el habla. Redactó la Ley de Broca, según la cual el hemisferio que controla el habla está en el lado opuesto a la mano preferida. Esta ley funcionaba bien hasta que se descubrió que un elevado número de zurdos también tiene el habla en el hemisferio izquierdo. En principio, se pensaba que el hemisferio derecho era una especie de réplica o de respuesta del izquierdo. Esto sucedió porque antes se deducían muchos datos de los accidentes cerebrales y éstos no parecían causar estragos cuando se producían en el hemisferio derecho. Tan sólo se alteraba la conducta de manera sutil.

Poco a poco, fueron reuniéndose pruebas de que el hemisferio derecho tenía su propia especialización.

Supongo que hablar de dos hemisferios como si cada uno fuera independiente del otro es una simplificación. Algunos estudiosos señalan que la forma de percibir y de procesar la información es distinta en ambos hemisferios y llegan a referirse a ellos como

---

ría, Barcelona: Editorial Crítica, pp. 60ss.

cerebro izquierdo y cerebro derecho[10]. Otros autores identifican al hemisferio izquierdo con Occidente y el derecho con Oriente. Cuando veamos sus características, lo entenderemos mejor. Yo suelo «bromear» diciendo que el hemisferio izquierdo es de «ciencias» y el derecho de «letras».

3.2. *Los sentidos se cruzan (casi todos)*

Efectivamente, casi todos nuestros sentidos se cruzan antes de llegar al hemisferio correspondiente. Por ejemplo, si metemos nuestra mano derecha en agua fría, será nuestro hemisferio izquierdo el que nos informe del cambio de temperatura. La vista es uno de los sentidos más importantes, como lo muestra el hecho de que casi un cuarto del cerebro esté dedicado a «traducir» y dar sentido a lo que perciben nuestros ojos[11].

Un tema curioso de la vista es el punto ciego. El nervio óptico sale desde el centro de la retina hacia el cerebro y existe una zona en la que no tenemos receptores de luz. Crea un agujero negro en nuestro campo de visión. Nuestro cerebro rellena ese agujero y nos ofrece la sensación de una percepción completa. Y ésa va a ser una de las constantes del cerebro: aquello que no tiene completo lo rellena, por decirlo de alguna manera, lo da por supuesto. Como en una conversación en la que no entendemos una palabra y la deducimos «del contexto». Claro, que no siempre acertamos. También el sentido del oído está cruzado. La mayor parte del sonido que recoge el oído izquierdo se analiza en el hemisferio derecho y viceversa. Cada hemisferio procesa distinto tipo de información sonora.

Sólo el olfato, que —al parecer— es el más antiguo de los sentidos, mantiene neuronas que captan directamente la información

---

10 Vid. SPRINGER, S. P. & DEUTSCH, G. (2001):. *Cerebro izquierdo, cerebro derecho*, Barcelona: Editorial Ariel..

11 BRAIDOT, N. P. (2005):.*Neuromarketing*, Madrid: Editorial Puerto Norte Sur, p. 50.

y se la pasan al bulbo olfativo y de allí a la corteza olfativa. Pero lo más importante es que lo hace más rápido que cualquiera de los otros sentidos. La primera información sobre alguien en una entrevista es su olor. Pero no adelantemos consecuencias.

Aunque explicamos los sentidos por separado, es cierto que en nuestro cerebro unos estimulan fuertemente a otros. Este fenómeno se conoce con el nombre de «sinestesia». Por eso, podemos decir que una voz tiene un color azul o que un vino es redondo[12].

Este cruce de sentidos tendrá su importancia al hablar de las presentaciones.

3.3. Características de cada hemisferio

Por la manera en la que se activan y por el modo en el que consumen energía al realizar determinadas actividades, como queda recogido en las tomografías, se deducen algunas «actividades favoritas» de cada hemisferio. Quedan reflejadas en el siguiente cuadro[13].

Hemisferio izquierdo	**Hemisferio derecho**
• Verbal	• No verbal, espacial
• Secuencial, temporal, digital	• Simultánea, analógica
• Lógico, analítico	• Gestalt, sintética
• Racional	• Intuitiva
• Occidental	• Oriental

Algunas personas identifican el hemisferio derecho como femenino. Creo que no es tan exacto como que sea oriental. Primero porque las mujeres tienen más del doble de espacio cerebral dedicado al lenguaje y ése módulo se encuentra en el

---
12 Ibidem, p. 49.
13 SPRINGER y DEUTSCH (2001), p. 252.

hemisferio izquierdo. Segundo porque, supongo, que en Oriente los hombres pueden tener una mayor dominancia del hemisferio derecho debido a la cultura[14].

Ambos hemisferios trabajan de forma distinta y eso tendrá importancia para el *management*, debido a que todos tenemos mayor dominancia de un hemisferio u otro y, por lo tanto, interpretamos y vivimos lo que nos sucede de una manera u otra. De esta dominancia se deducen algunas conductas. El cuadro que viene a continuación está obtenido y resumido de un libro de Marie Joseph Chalvin[15]. Es fácil entender su importancia para el *neuromanagement*. A esta autora volveremos más adelante.

Hemisferio izquierdo	Hemisferio derecho
• Tranquilo y sereno	• Espontáneo y dinámico
• Cuida y ordena su material	• Material desordenado
• Organizado y previsor	• Falto de previsión
• Espíritu científico. Maneja los modelos y símbolos	• Espíritu experimental. Necesita ejemplos
• Aprende con un plan estructurado	• Aprende sin plan. Enlaza las ideas
• Buena memoria	• Reformula con su lenguaje
• Le encantan los esquemas	• Falto de rigor en los esquemas
• Lee despacio, analiza el texto	• Lectura rápida y global
• Quiere las reglas claras y por escrito	• Las reglas orales y se discuten
• Prefiere el trabajo individual que en equipo	• Le encanta el trabajo en equipo. Charla y es eficaz
• Facilidad para la concentración	• Se distrae, no tiene noción del tiempo

Aunque en el libro de Chalvin se hace referencia a los alumnos,

---

14 N.A: La cultura recibe mucha atención como el medio a través del cual recibe mucha información en el cerebro de las personas, lo que no sucede con otras especies.

15 CHALVIN, M. J. (2003):. *Los dos cerebros en el aula*, Madrid: TEA Ediciones, pp. 36-38. Creo que este libro debería formar parte del currículo académico de cualquier profesor y pedagogo que quiera hacer bien su trabajo.

estoy seguro de que ya se ha identificado, según el cuadro, y es capaz de reconocer a sus compañeros de trabajo y sus colaboradores. Esto es así por la dominancia cerebral.

3.4. El concepto de dominancia cerebral

Se supone que para cada persona, en general, uno de los dos hemisferios dirige la conducta. No necesariamente está vinculado al hecho de ser zurdo o diestro. De alguna manera, somos mejores trabajando con un hemisferio que otro y esto tiene importancia sobre la forma en la que percibimos e interpretamos lo que nos rodea. Si esto es así, por qué no iba a tener importancia sobre la manera en la que mandamos o nos gusta que nos manden, controlamos y nos gusta que nos controlen.

4. Algunas notas sobre las diferencias entre cerebros masculinos y femeninos

Con este capítulo cerramos la sección sobre el cerebro y comenzamos a meternos en el *neuromanagement*. Era imprescindible conocer estos datos para saber cómo afecta a nuestra forma de ejercer el liderazgo o tomar las decisiones, por ejemplo.

Una de las preguntas que siempre surgen, no siempre con buena intención, es la de las diferencias entre los cerebros femeninos y masculinos. Quizás me estoy metiendo en un berenjenal del que no sé si sabré salir. Las diferencias existen como existen en el resto del cuerpo. Alguna tiene repercusiones posteriores sobre el *management* y en ese sentido quedarán reflejadas en este libro. Por otra parte, la forma en la que cada persona vive su cerebro hace que estas diferencias fisiológicas se intensifiquen o sean irrelevantes. En estos temas de cerebro y conducta no debemos olvidar la voluntad de acción de cada persona (y su cerebro). J. P.

Sartre lo expresó con una fórmula muy bella: «Cada uno es lo que él hace con lo que los demás han hecho de él». Parafraseando, podríamos decir que «Cada uno es lo que él hace con lo que su cerebro ha hecho de él», pero lo hacemos desde el cerebro. Dejémoslo aquí.

Una vez más y para garantizar el carácter científico del libro, vamos a seguir a dos autoridades en la materia: Louann Brizendine[16] y Francisco J. Rubia[17].

> «Se puede simplificar diciendo que, por regla general, el hombre puntúa mejor en tareas que implican la capacidad visuoespacial, la memoria espacial, la rotación mental de imágenes, el lanzamiento de objetos a una diana, la agresividad, la resolución de problemas matemáticos, mientras que la mujer puntúa mejor en fluidez verbal, tareas motoras finas, en la localización de objetos en una serie de ellos, en cálculo, en sensibilidad, en la percepción de niveles bajos de estimulación en todos los sentidos salvo la visión.»[18]

En algunos foros escucho la opinión de que las mujeres suelen ser jefes más sensibles que los hombres. Creo que podríamos encontrar muchos testigos de eso, y de lo contrario también. A lo largo del libro, debemos tener mucho cuidado con los tópicos, si bien una cosa es la imagen global y otra cómo se vive esa imagen a nivel individual.

Independientemente de las diferencias que señalemos, es de destacar que todos los cerebros al formarse en el vientre de la madre son femeninos.

> «En la octava semana, se registrará un enorme aflujo de testosterona que convertirá este cerebro unisex en mascu-

---
16 BRIZENDINE L. (2007):. *El cerebro femenino*, Barcelona: Editorial RBA.
17 RUBIA FCO. J. (2007b):. *El sexo del cerebro*, Madrid: Editorial Temas de Hoy.
18 Ibidem, p.93.

lino, matando algunas células en los centros de comunicación y haciendo crecer otras más en los centros sexuales y de agresión. Si no se produce la llegada de la testosterona, el cerebro femenino continúa creciendo sin perturbaciones.»[19]

Algunas de estas características diferenciales tendrán su influencia en la manera en la que hombres y mujeres ejercen el *management*.

---

19 BRIZENDINE, L. (2007), p. 36.

Capítulo segundo

¿Qué es el neuromanagement?

1. Una definición aproximada

No va a encontrar citas tan largas sobre el cerebro en el resto del libro. Creo que tenemos suficientes datos. Mi interés sobre el cerebro comenzó hace muchos años con un libro que me compré sólo por el título: *El hombre que confundió a su mujer con un sombrero*. El autor es Oliver Sacks. Recuerdo que el precio me metió miedo, sobre todo porque no sabía de qué iba el libro. Fue genial. Me quedé pegado a él. Comencé a leer todo lo que pude del mismo autor. Reconozco que *Un antropólogo en Marte* estuvo a punto de terminar con mi interés, y no por el libro, que es magnífico, sino porque te abre a los pies un abismo y sientes un vértigo agobiante. He leído muchos libros que me han fascinado. Muchos de ellos los encontrará en las citas, pero tengo cierta debilidad por *Fantasmas en el cerebro* de Ramachandran y Sandra Blackslee. No sólo está escrito con una claridad meridiana, sino que también plantea algunos temas fascinantes como la existencia de Dios desde el punto de vista del cerebro.

Cuando lees libros tan variados sobre el mismo tema, no puedes evitar «hacer traducciones» a los temas que tú conoces. Llevo muchos años estudiando sobre el mando, cómo dirigir equipos, cómo y cuándo controlar, delegación, comunicación. Algunos de los temas que leía encontraban una traducción directa sobre los temas de *management*. Cómo explicar las incomprensiones mutuas que tienen algunas personas o incluso algunos departamentos. No es sólo por la posible incompatibilidad de sus objetivos. La forma en la que interpretan y viven sus trabajos también facilita esos desencuentros y, como veremos, el modo en el que trabajan sus cerebros también dificulta su comunicación.

Como consultor de formación y selección sufro algunos problemas que vistos desde una perspectiva «del cerebro» cobran otro sentido. ¿Por qué hay candidatos que ganan su puesto de trabajo en los primeros... trescientos milisegundos de la entrevista? ¿Por qué esos candidatos perdían el puesto, en la mente de mi cliente, veinticuatro horas después? ¿Qué había sucedido en la mente de mi cliente? Algunos de mis cursos son vividos con dificultad por gente que es muy sistemática. Yo, ya lo han podido comprobar, soy muy disperso, pero eso no lo es todo. De alguna manera tendremos que presentar la materia para que cualquier tipo de cerebro la encuentre interesante.

Muchos de los participantes me plantean lo difícil que es delegar y controlar. No sólo como concepto, sino cómo hacerlo en algún caso en concreto. Como consultor (esto es un chiste), me quedo con las ganas de decirle que controle lo importante. Pero cuando converso con tiempo y con calma, me doy cuenta de que se trata de dos cerebros iguales y, curiosamente, el control apenas aporta nada. Cuando más se parece el cerebro del colaborador al de su jefe, éste lo tiene peor para delegar y controlar. Ambos son expertos en los mismos temas y en la misma forma de trabajar.

Al final me decidí a poner mis reflexiones por escrito. ¿Cómo podemos aprovechar lo que sabemos del cerebro para mejorar la manera en la que aplicamos el *management* en nuestras decisiones? Este libro no tiene vocación de ser un tratado definitivo, más bien es un tratado de urgencia con vocación de servir como reflexión, pero también de facilitar herramientas para los profesionales. No estoy pensando sólo en los jefes, a pesar del nombre el *neuromanagement* está pensado para todo profesional que interactúa con sus clientes, internos o externos, colegas, proveedores y colaboradores también.

No es programación neurolingüística, de la que no sería capaz ni de escribir un artículo. Me gustan algunas de las cosas que he leído o me han comentado en cursos. Es la fisiología cerebral la que me gusta que nos ayude a mandar, decidir o controlar mejor. El *neuromanagement* tiene la vocación de aplicar los conocimientos sobre el cerebro en situaciones de mando dentro de las organizaciones, buscando el desarrollo y la autonomía de las personas. El objetivo es que nuestro entorno profesional sea más fácil porque, conociendo la dominancia de mi cerebro, soy capaz de plantear los temas de manera que el cerebro de mi interlocutor entienda mejor mi mensaje. Aquí llegamos a un tema delicado. No se trata de manipular, y ya que no puedo evitar influir, lo haré de manera que mi interlocutor tenga un acceso más fácil a mis mensajes. Creo que con un ejemplo se verá más diáfano lo que quería decir antes de que me líase. Si voy a dar una orden y mi dominancia cerebral es de hemisferio derecho, debo ser consciente de mi tendencia a no ser sistemático y a dar por supuestas algunas cosas. Si además mi interlocutor tiene una dominancia de hemisferio izquierdo, debo ser especialmente cuidadoso en ser sistemático y en los detalles. Es decir, no quiero que no me discuta si cree que debe hacerlo. Lo que quiero es «hablar su lenguaje cerebral» para que la comunicación sea más fluida y eficaz. Por lo tanto, el *neuromanagement* debe partir de un fondo ético. Que mis colaboradores (proveedores, clientes...) puedan desarrollarse cada vez más y ganar una autonomía mayor. Una vez escuché a un ejecutivo de RR.HH. de *Renault España* decir: «Cada vez hacemos mejores coches, mejores motores... ¿Podemos decir lo mismo de las personas que trabajan con nosotros? ¿Podemos asegurar que cada vez son mejores personas y mejores profesionales?» Me pareció que ésa debería ser una de las preocupaciones de todo jefe eficaz. El *neuromanagement* quiere ser una perspectiva más. No creo que la más importante, pero sí una con un futuro esperanzador. Quizás ahora estoy deslumbrado con los descubrimientos sobre el cerebro, pero no olvido una cita de Maslow: «Para aquel que sólo tiene un martillo, todos los problemas con clavos». Hay más herramientas aparte del *neuromanagement* y cada una hace sus aportaciones.

Para acabar este intento de definición, me gustaría resaltar una última razón para la existencia del *neuromanagement*. Los descubrimientos sobre el cerebro van a afectar lo que conocemos del *management*, comencemos a estudiarlos lo antes posible. Se está produciendo una cierta convergencia de ciencias diversas o, como dice Francisco Mora, una «neurocultura»[20]. También comparto la idea de Francisco Rubia: «Las neurociencias deberían servir de enlace entre las ciencias y las letras, entre las ciencias experimentales y las humanidades»[21] A este libro le gustaría servir de ejemplo de ese acercamiento entre ciencias

Es posible que el *neuromanagement* no sea nuevo porque parte de un material preexistente. Es la mezcla y sus aplicaciones las que espero que aporten novedades en el entorno del *management*. Cuando he expuesto alguna de estas ideas a mis colegas, me he encontrado con una crítica habitual: «¿Ahora vamos a hacer selección de personal con escáner cerebral?» No creo que sea necesario, más bien creo que los tests ya aportan la mayoría de esa información, así que no dejemos que la imagen de la película *Blade runner* invada nuestra imaginación.

---

20 Vid. MORA FCO. (2007):. *Neurocultura*. Madrid: Editorial Alianza.
21 RUBIA, FCO. J (2007b), .p. 16.

2. *Una posible evolución del* neuromanagement

¿Qué expectativas de cara al futuro podemos tener con el *neuromanagement*? Correremos algunos riesgos a la hora de pensar en el futuro, pero merecerá la pena si encontramos algunas pistas útiles. Me refiero a pensar que cualquier tema se puede abordar desde el *neuromanagement*. Es una tentación fuerte, porque todo lo que percibimos y lo que pensamos se elabora con el cerebro, así que, tarde o temprano, nos encontraremos con él. Pero creo que es pronto para decidir qué pistas serán más o menos útiles para el *management*. Aquí plasmo unas reflexiones mínimas sobre algunas de estas posibilidades de aplicación. Aunque por ahora sólo podemos esperar más preguntas que respuestas y pocas certezas.

Dirigir a hombres y mujeres. ¿Se dirigen de forma distinta? ¿Las diferencias individuales serán más fuertes que la fisiología cerebral de género? Las diferencias cerebrales de género me pueden ayudar a matizar más en las situaciones de cara según el sexo de la persona que tengo delante. Eso es bueno porque no daré «café para todos». Pero el carácter de la persona será determinante para que acierte o no con la forma de tratarle. ¿Existen formas de mandar que funcionen mejor con las mujeres o con los hombres? Habrá que estudiarlo analizando más allá de los tópicos.

Neuromanagement para comerciales. Creo que aquí lo podemos tener más claro. Como comprador, mi cerebro anda buscando algunas características específicas del producto o servicio que quiero adquirir. La labor del comercial es mostrarme esas características, si es que el producto las tiene, claro. Pero para eso debe conocer mi tipo de cerebro con el propósito de hablar mi propio lenguaje o al menos no interferirme en mi razonamiento.

También creo que es clara la posibilidad de desarrollo de un *neuromanagement* para negociadores. ¿Qué tipos de cerebro tengo sentados delante? ¿Qué tipo de intereses pueden preocuparles? ¿Qué cerebros tengo en mi equipo negociador? ¿Cuándo y para qué temas debo dar el protagonismo a cada uno de ellos? La misma propuesta presentada en diversos lenguajes cerebrales puede ser atractiva o no para las personas con las que estoy negociando.

En la creación de equipo, creo que el *neuromanagement* puede aportar más argumentos sobre la riqueza de la diversidad. Contrarrestar esa frase que deja a mis alumnos boquiabiertos cuando con cierta maldad les digo: «La personalidad del jefe se acaba pegando». Algunos cabecean afirmando entre preocupados y divertidos. Si mi jefe es un obsesivo de los detalles, yo acabaré prestándoles más atención. Si mi jefe es un caótico, yo también adquiriré cierto desorden en los temas comunes que manejemos. Esto acaba produciendo cierta homologación en los equipos. Todos los auditores son iguales y lo mismo podríamos decir de casi todas las secciones de las organizaciones. Esto logra equipos especializados, muy eficaces en algunos aspectos e increíblemente torpes en otros. Si prestáramos atención a las dominancias cerebrales, podríamos crear equipos heterogéneos y más eficaces para un mayor número de situaciones.

Por último, estimo que es necesario reflexionar sobre el impacto del cerebro en las diversas técnicas de los RR.HH. Un capítulo de este libro se dedica a ello, pero señalaremos algunos de los temas a tratar. ¿Cómo influye el cerebro a la hora de evaluar el desempeño de un colaborador? ¿Qué impacto tiene el cerebro del evaluador y del evaluado? En algunos casos, como veremos, ese impacto es devastador.

Estos son algunos de los temas que en un futuro próximo debemos investigar pero, insisto, sin esperar del *neuromanagement* todas las respuestas, ni siquiera las verdaderas. No se trata de convertir al *neuromanagement* en una metateoría. Razonablemente, podemos esperar una perspectiva más para abordar estos temas.

Capítulo tercero

¿Cómo impacta lo que sabemos del cerebro sobre el management: es decir, neuromanagement? (1ª parte)

1. La fisiología: la velocidad y los dos hemisferios condicionan el management

De todo lo que se sabe del cerebro, debemos empezar a analizar cuál es su influencia en la forma de mandar. Además de su influencia, nos permite entender algunas cosas del *management* si las estudiamos desde la perspectiva de la neurocultura. Después de darle muchas vueltas, considero que las influencias más manejables, al menos por mi parte, son los circuitos límbicos y corticales (rápidos y lentos si lo preferís) y la dominancia de hemisferio cerebral.

«...El cuerpo es una especie de marioneta del cerebro y el reloj cerebral funciona en el orden de las milésimas de segundo, mientras que nuestro procesamiento de información consciente (y, en consecuencia, nuestros pensamientos al respecto) lo hace en el orden de segundos.»[22] La frase de Goleman no es exagerada. Representa una opinión sobre cómo los circuitos límbicos son capaces de decidir antes de que tomemos conciencia de ello. Sin duda, es de mucha utilidad para la supervivencia, pero en el mundo del *management* puede significar que mi cerebro ha tomado una decisión antes de que yo reflexione sobre la misma. Reconocerás que es muy molesto no saber si he tomado una decisión correcta o si el nivel de serotonina de mi cerebro ha decidido por mí. ¡Cuidado!, porque no quiero decir que la decisión sea irracional, más bien creo que es «no racional», lo que no significa que sea malo[23]. El problema es que no tengo control alguno sobre esa decisión. Así que estudiemos en qué momentos del *management* esa doble velocidad cerebral juega un papel relevante.

La otra característica sobre la que vamos a reflexionar es la dominancia de los hemisferios cerebrales. Si trabajan de forma tan distinta y uno de ellos es el que actúa de forma predominante sobre el otro, seguro que también influye sobre el *management* y mi forma de mandar. Lo primero que tengo que hacer es averiguar cuál es mi dominancia cerebral y la de los que me rodean. Lo segundo que tengo que hacer es celebrar la existencia de la diversidad. Es fantástico que tenga en mi equipo gente que me complemente y que sea capaz de ver cosas y de interpretarlas de manera que yo jamás podría.

2. ¿Qué dominancia cerebral es la mía?

Supongo que la mejor manera de averiguarlo sería someterte a un PET o a una resonancia magnética y obligarte a hacer algunas actividades cerebrales, y así podríamos «descubrir» a

---
22 GOLEMAN, D. (2006), p. 54.
23 N.A: Esta nota sobre lo «no racional» y lo irracional está tomada de RUBIA FCO. (2007b).

tu hemisferio dominante. Pero creo que no tenemos ninguno de esos aparatos a mano, de modo que nos tendremos que conformar con una lista de chequeo. Para ello he reunido las características operativas que, según diversos autores, tiene cada uno de los hemisferios. Haz la lista tratando de buscar ejemplos de tu trabajo o de tu vida cotidiana que confirmen o desmientan cada uno de sus ítems. Sólo debes tener en cuenta los positivos:

Dominancia de hemisferio izquierdo[1]	
Me gustan los problemas técnicos	SÍ / NO
Sé perfectamente lo que voy a hacer en el día y la semana	SÍ / NO
Creo que cualquier problema tiene una solución técnica	SÍ / NO
Me gustan las listas de chequeo	SÍ / NO
No suelo hacer muchos gestos	SÍ / NO
Me gusta usar jerga técnica	SÍ / NO
Los sentimientos son secundarios en un problema	SÍ / NO
Soy capaz de recordar exactamente fechas y citas	SÍ / NO
No hay nada como un buen modelo	SÍ / NO
Me gustan los flujogramas	SÍ / NO
Soy muy metódico	SÍ / NO
Me encanta estudiar a fondo los detalles de un problema	SÍ / NO
Charlar con la gente suele ser una pérdida de tiempo	SÍ / NO
Me podría definir como conservador, en general, no en política	SÍ / NO
Me gusta encontrar la palabra precisa	SÍ / NO
Me encanta escribir procedimientos	SÍ / NO
No me cuesta estudiar un problema muchas horas	SÍ / NO
La experiencia es fundamental en un profesional	SÍ / NO
Me encanta trabajar con máquinas	SÍ / NO
Soy capaz de encontrar mínimos errores en los extractos bancarios	SÍ / NO
Leo los manuales técnicos antes de encender un aparato nuevo	SÍ / NO
Me encantan los sudokus	SÍ / NO
La gente creativa me parece desconcertante	SÍ / NO
Conozco perfectamente mis metas de este año	SÍ / NO
TOTAL DE SÍES	

Dominancia de hemisferio derecho	
Soy creativo, incluso cuando menos lo espero	SÍ / NO
Descubro con facilidad los sentimientos de otras personas	SÍ / NO
Sé cómo motivar a otros	SÍ / NO
Me gusta presentarme voluntario a proyectos y equipos	SÍ / NO
Tengo mucha curiosidad	SÍ / NO
Me gusta pensar cómo será una situación dentro de cinco años	SÍ / NO
Me divierto mucho en una tormenta de ideas	SÍ / NO
Me encantan las buenas historias	SÍ / NO
Empleo la intuición durante el trabajo	SÍ / NO
Lo paso muy bien charlando con la gente	SÍ / NO
Me gusta conocer gente	SÍ / NO
La armonía en un equipo me parece fundamental	SÍ / NO
Me duelen mucho las críticas	SÍ / NO
Disfruto convenciendo a alguien	SÍ / NO
Tengo mucho humor	SÍ / NO
Me encanta investigar sin hipótesis de trabajo	SÍ / NO
Veo un problema desde varios puntos de vista	SÍ / NO
Disfruto con las presentaciones ante grupos pequeños	SÍ / NO
En mi conversación salto de un tema a otro sin problemas	SÍ / NO
Tengo mucha imaginación	SÍ / NO
Soy capaz de ver un problema globalmente	SÍ / NO
Me es fácil describir y evaluar comportamientos	SÍ / NO
Trabajo bien en equipo	SÍ / NO
Me identifico bien con la empresa	SÍ / NO
TOTAL DE SÍES	

Puntuación de dominancia cerebral izquierda	Puntuación de dominancia cerebral derecha

Enhorabuena, ya sabes de qué hemisferio cojeas.

Ahora será bueno que extendamos ese conocimiento a nuestro entorno: ¿de qué dominancia cerebral son mis clientes externos e internos, mis proveedores, mi jefe, mis colaboradores,...? Tómate tiempo para rellenar el siguiente cuadro. Utiliza las preguntas de los cuadros anteriores para sacar tus propias conclusiones sobre las personas que te rodean.

Dominancia cerebral de las personas con las que trato habitualmente	
Nombre (o clave)	**Hemisferio dominante**

Y permíteme insistir una vez más: celebra la diversidad. Si todos fuéramos iguales, nuestra vida sería insoportable. Éste es tu primer paso hacia tu desarrollo en el *neuromanagement*: averiguar tu dominancia cerebral y la de las personas con las que convives. A lo largo del libro reconocerás cuál es su impacto al desarrollar tu *management*.

3. La toma de decisiones

María y José Luis se encuentran ante una decisión difícil: les han entregado un billete de veinte euros. Si lo aceptan, es suyo. Pero si esperan seis meses, les darán cincuenta euros garantizados ante notario. María ha decidido esperar seis meses. José Luis ha decidido aceptarlos de inmediato. Ambos tienen buenas razones para justificar su decisión. María cree que es más interesante esperar y cobrar más del doble. No se trata de una cantidad muy grande. José Luis cree que las cantidades no son muy grandes y que en seis meses puede pasar de todo. Ambos han razonado su respuesta, pero si pudiéramos ver dentro de sus cerebros, veríamos que cada uno de ellos ha activado zonas distintas del mismo para tomar la decisión. María ha activado los centros de planificación y José Luis los del placer. Supongamos que podemos activar los centros de su cerebro a nuestro antojo y que lo hacemos de manera que María active los centros del placer y José Luis los de planificación. La respuesta hubiera sido exactamente la contraria, aunque ellos la hubieran razonado igual, cada uno dando argumentos «racionales» sobre lo que convenía hacer.

Tomar decisiones es elegir entre varias alternativas, algo que las personas dedicadas a los negocios hacen constantemente. Aplican sus modelos, razonan la respuesta, pero a veces el cerebro corre más que su conciencia y, en otras ocasiones es su dominancia de hemisferio la que decide procesar los datos de una manera específica, lo que conduce a una decisión determinada por la fisiología de su cerebro[24]. Ya hemos visto que algunas decisio-

---

24 N.A: Puedo imaginar dentro del cerebro del lector una voz que grita: «¿Y qué pasa con mi libre albedrío? ¿Es que todo se reduce a la forma de mi cerebro?» Pues no sé qué contestarte. He discutido varias veces esto con amigos especializados en estas materias y también con personas que son creyentes y con otros que son fervorosos ateos. No puedo olvidar la siguiente frase de Punset: «Somos nuestro cerebro». Supongo que el cerebro tiene un centro del «yo» y que decido también desde allí. Sé que puedo elaborar una respuesta y cambiarla después de haberla razonado con calma, razonado desde mi cerebro. Siento una gran compasión por los seres humanos que creen que toman decisiones al dictado de criterios propios, pero me cuesta acabar de

nes optan por postergar el placer inmediato a cambio de mayor recompensa posterior y que la decisión se puede tomar desde dos centros distintos del cerebro.

¿Qué más puede pasar? Una de las mayores influencias es la velocidad de la zona límbica en contra de la cortical. Recuerda, la zona límbica es más primitiva y más rápida, la parte del córtex es más lenta pero menos condicionada. De un libro, de cuyo nombre no logro acordarme, suelo poner un ejemplo a mis alumnos que hacen que todos se sonrían y alguno incluso se ría claramente. Suelo señalar a una ventana detrás de mí y comentar la posibilidad de que entre un león. ¿Qué sucedería en nuestros cerebros? El olor del león hará que todos comencemos a correr disparados, avisados por nuestras amígdalas. No habrán pasado ni trescientos milisegundos. A los seiscientos milisegundos, más o menos, parte de nuestro cerebro superior comienza a racionalizar la situación: ha entrado un león y no debo hacerle frente porque no tengo la más mínima posibilidad de éxito, así que sigamos corriendo hacia la salida tan rápido como podamos. A los tres segundos, el cerebro superior comenzará a operativizar la acción. En realidad, pensaré: «No necesito correr más que todos; sólo debo correr más que el profesor».

Ese ciclo es frecuente en las empresas. Tengo que tomar una decisión bajo presión y mi cerebro se pone a tope, mi corazón se dispara y la adrenalina inunda todo mi cuerpo. Supongamos que ha habido un error que lleva a una pequeña catástrofe y me acusan de ser el causante. Al principio me sorprendo, pienso en qué he fallado, pero luego descubro una grieta en su razonamiento, incluso un error que ellos han cometido. Entonces no es necesario que yo cargue con las culpas. Ni siquiera es necesario

---

reconocer que el nivel de serotonina o dopamina puede alterar mis decisiones si me encuentro perfectamente sano. Como verás, puedo seguir divagando sobre el tema hasta que a ambos nos duela la cabeza y tengamos los pies fríos. En este capítulo tratamos de reflexionar sobre las influencias de nuestro cerebro en esa parte del *management* que es la toma de decisiones. La existencia del «yo» y la autonomía de mi cerebro tendrán que esperar para otro día.

encontrar una solución, lo que tengo que hacer es pasar al ataque y demostrar que ellos tienen, al menos, parte de culpa. Este ciclo se repite en muchas reuniones: un ataque directo no tiene como resultado una solución más rápida, más bien sólo logro otro ataque o el bloqueo de mi adversario. (Cualquier cosa antes de ponernos a buscar una solución). Esto debemos tenerlo en cuenta, cualquier decisión tomada a bote pronto, ante una situación de emergencia, obtiene una respuesta inmediata que procede de la parte más primitiva de mi cerebro. Muchas veces hemos pasado por alto alternativas que eran obvias pero que en ese momento no vimos. Incluso hemos dicho expresiones hirientes para otros, que no sentimos pero sabemos que pueden frenar en seco un ataque. Recordemos que la zona límbica es muy rápida y que sus respuestas son de ataque o huída. Una persona sometida en su trabajo a una presión desproporcionada a sus recursos puede estar tomando constantemente este tipo de decisiones empobrecidas. Más de una vez debemos recordar que «El que dice lo que piensa, no piensa lo que dice».

Esos jefes que apremian a sus colaboradores al grito de «Haz algo» se están confundiendo porque están bloqueando la capacidad analítica de su colaborador. Alguna vez, después de una bronca tormentosa, he tenido que tranquilizar a alguien para que lograra recordar lo que le ha dicho su jefe. Y puede que el colaborador no recuerde qué quería su jefe, pero el sentimiento de humillación sí va a recordarlo, aunque a su jefe se le olvide. En cierta ocasión escuché de un jefe una frase genial: «Fulanito no es rencoroso con los que ofende». Así que tomar decisiones bajo presión facilita que la zona límbica (recuerde, no racional, aunque no por eso tenga que ser irracional) tome el control de la situación.

Ante una decisión normal, el cerebro funciona con más capacidad. Es decir, pone a trabajar a sus dos hemisferios sobre el problema. De nuevo, por azar presencié la conversación entre un jefe y su colaborador, y fue reveladora. Un proveedor había incumplido un plazo de entrega. El colaborador había preparado una nota amable y enérgica que estaba a punto de enviar al proveedor y decidió comentarlo con su jefe. Éste le recordó que el pedido se realizó bajo condiciones difíciles, que el proveedor había cumplido hasta ahora con gran esfuerzo y que, antes de aceptar el encargo, señaló varias veces la posibilidad de fallar en alguna entrega. «Entonces, ¿qué hago?», preguntó el colaborador. «¿Qué más podemos hacer?», preguntó el mando con cierta ironía socrática. Su colaborador estuvo pensando y comentó: «Podemos aplicarles una sanción o elevar el problema al Director». «¿Se te ocurre algo más?», volvió a preguntar el jefe. Después de un rato pensando dijo: «No sé qué más se podría hacer». Entonces el jefe le comentó: «Coge el teléfono, llámales y pregúntales cuándo pueden traer el pedido. Coméntales lo importante que es para nosotros y también si podemos ayudarles en algo». El colaborador comentó con la boca abierta: «Pero hay que cumplir el contrato». «No se trata de cumplir el contrato, sino de sacar el trabajo adelante. Diles lo que te he dicho. Hazlo con cuidado que son buenos proveedores». Era curioso verles. Parecían los dos hemisferios de un cerebro hablando entre sí. Había un problema y el colaborador, hemisferio izquierdo evidentemente, quería aplicar soluciones de manual, de proceso, de ordenanza, algo oficial. El jefe, hemisferio derecho, buscaba distintas soluciones, salvar el trabajo pero también al proveedor.

Pero en la toma de decisiones del caso anterior había sucedido algo habitual en la forma de pensar de los hemisferios. Supongamos que ambos habían definido el problema como que un pedido no había sido entregado. Supongamos que ambos habían definido la solución como que el pedido se entregue lo antes posible. El colaborador había focalizado su atención (algo en lo que es experto el hemisferio izquierdo) en el incumplimiento. El jefe era más generalista, más holístico (más hemisferio derecho); recordó el esfuerzo del proveedor, su aviso del problema, y comprendió la situación desde varios puntos de vista. No dio la solución, amplió el campo: qué puede hacer el proveedor. Cuando el cerebro tiene una dominancia izquierda, se va a centrar en algunos detalles; si la dominancia es derecha, la visión va a ser más general. Esto nos lleva a otro matiz del cerebro y la toma de decisiones.

Al ser más cuidadoso con los detalles, el hemisferio izquierdo es bueno con los problemas técnicos. Recuerda muchas instrucciones y tiene muchas herramientas para solucionar ese tipo de problemas. Pero su fuerza es su debilidad. Recordemos a Maslow una vez más: «Para aquel que sólo tiene un martillo, todos los problemas son clavos»[25], o sea, todos los problemas son técnicos. Y el que tiene maestría como mando sabe que muchos problemas que tienen las personas son eso, problemas personales, no técnicos. El hemisferio derecho[26] es más hábil al tener en cuenta los sentimientos de las personas implicadas en los problemas. Son un punto de vista importante cuando se analizan. La experiencia me dice que es difícil encontrar un problema técnico o humano puros. Para solucionar un problema técnico, debo tener en cuenta los sentimientos de los participantes (¿ha tratado de repartir los turnos de vacaciones en su equipo?), pero para ayudar a alguien desde el punto de vista humano, tengo que poner en marcha acciones y estrategias que son técnicas. Así que sigo necesitando de mis dos hemisferios.

---

25 Ya sé que repito la frase, pero no me digas que no es genial.
26 N.A: Perdón por esta digresión, pero quiero compartir con vosotros una preocupación casi personal. Mi dominancia cerebral es derecha, brutalmente derecha debería decir. No quisiera que esto se notase demasiado pero sé que es inevitable. Espero corregirlo y ser justo. Admiro a la gente que tiene el hemisferio izquierdo muy fuerte. Sé que técnicamente son mi salvación. Por lo tanto, no suelo pensar en ellos como «cabezas cuadradas». Me producen cierta ternura los errores que cometen al manejar situaciones en las que el factor humano es clave, siempre que no sean dictadores que resuelven todas las situaciones a través del miedo, claro. En cualquier caso, no quiero escribir un alegato sobre la superioridad del hemisferio derecho. Necesitaba decirlo para poder seguir escribiendo más tranquilo.

Cómo mejorar mi toma de decisiones teniendo en cuenta el *neuromanagement*:

- El primer consejo es saber cuál es tu predominancia cerebral y, por lo tanto, qué aciertos y errores tiendes a cometer.
- Si no puedes rodearte de gente, procura «generalizar y focalizar» el problema. Puedes usar el formulario que encontrarás al final de estos consejos, pero una hoja en blanco seguro que te hace el mismo servicio. El soporte tiene tres apartados: en el primero, describe el problema, la columna izquierda sirve para focalizar, destaca aspectos concretos y técnicos del problema, puntos de vista oficiales; en la columna derecha, describe los aspectos humanos del problema, distintas perspectivas del mismo y apunta diversas soluciones. Este ejercicio te ayudará a usar los dos hemisferios para analizar un problema y buscar soluciones.
- Cuando la presión es muy fuerte, nuestras soluciones son del tipo huida o ataque. Revise las soluciones que se toman en esos contextos cuando la situación se calme. Trate, en la medida de lo posible, de reducir esa presión en el momento en el que se produce. Calme a su interlocutor y su entorno, y hágale preguntas que le obliguen a pensar, no a actuar como un pollo decapitado.
- Ante un problema, céntrese en la búsqueda de soluciones, no de culpables. Haga que esto sea una práctica habitual de su equipo. No dispare a matar y luego, cuando todo el mundo esté resentido, pida colaboración para buscar soluciones. Primero trate de buscar una solución eficaz y luego busque alternativas para que no se repitan ese tipo de situaciones.
- Busque más soluciones. La primera solución es de emergencia, pero luego debe seguir pensando sobre el problema. ¿Qué no se nos ha ocurrido? Para cualquier contingencia siempre hay más de una solución. No desdeñe soluciones

parciales que podrían cambiar las condiciones en las que aparecen los problemas.
- A lo largo del día, toda persona debería poderse tomar unos minutos para pensar. Un sitio tranquilo lejos de las interrupciones habituales. Un lugar en el que poderse relajar o concentrarse en un problema. Hacerlo antes de una entrevista o una reunión importante aumentará la efectividad de la misma.
- Otras veces el problema necesitará tiempo. «Lección dormida, lección aprendida.» Mañana será otro día y podrá ver el problema desde otra perspectiva. Deje que su cerebro se tome tiempo. Pero también existe la opción contraria. Muchas personas me dicen que durante o después de una sesión de correr encuentran soluciones a sus problemas y se aclaran sobre qué decisión tomar. Deje que su cerebro gane tiempo.
- Si es responsable de un equipo o tiene que tomar una decisión importante, busque distintas dominancias cerebrales que le puedan asesorar. Consulte con personas que le abran nuevas perspectivas del problema.
- Implante en su equipo herramientas de análisis de problemas, búsqueda de soluciones: tormenta de ideas, Ishikawas, Quality Control History,... Todas esas herramientas servirán para que las distintas dominancias cerebrales tengan su cauce de expresión.
- Por último, y ya sé que estoy un poco pesado con el tema, siga celebrando la diversidad de dominancias en su equipo. Es fantástico saber que la heterogeneidad de su equipo le va a hacer ser consciente de los matices de la toma de decisiones o el análisis de problemas.

Focalizar y generalizar	
Descripción del problema	
Focalizar (hemisferio izquierdo)	Generalizar (hemisferio derecho)
Posibles soluciones	

4. Cómo dar órdenes (cerebralmente eficaces)

Supongo que, si eres jefe, la experiencia que voy a contar te suena. Vas a dar una orden que has pensado mucho. Es algo importante y te preocupa que se haga bien. Llamas a uno de tus colaboradores y le comentas qué es lo que quieres que haga. Lo haces con cuidado, aunque poco a poco te has emocionado porque es algo que para ti está claro. Después de tu charla, tu colaborador levanta las cejas y abre la boca como toda reacción. No ha entendido nada de eso tan interesante (para ti) que le has contado. También te puede suceder que, después de dar una orden clara, la otra persona no sepa por dónde empezar porque has dado demasiadas cosas por supuestas. ¿Qué está sucediendo a nivel cerebral?

Esta vez no es la velocidad límbica la que nos va a complicar, ahora se trata de la dominancia cerebral. ¿Se manda igual a un hemisferio derecho que a uno izquierdo? La respuesta es no, claro. Ni tampoco se manda igual desde un hemisferio derecho que desde un izquierdo. Cuando comencé a preparar este capítulo, me hacía ilusión encontrar una matriz de mando. Algo parecido al liderazgo situacional, un modelo así de perfecto, pero no pudo ser. La primera conclusión es que el jefe eficaz es capaz de «mandar para los dos hemisferios», independientemente de su dominancia. ¿Qué necesitamos cuando nos mandan? Que nos orienten en lo que estamos más despistados y que nos dejen hacer allí donde manejamos la situación. Es decir, cuando el colaborador es hemisferio derecho, tendré que señalarle los riesgos de ignorar las habilidades del hemisferio izquierdo y al revés: si mi colaborador es de hemisferio izquierdo, le señalaré los peligros de ignorar las habilidades del otro hemisferio. Pero ¿qué sucede, pongamos por caso, cuando ambos somos de hemisferio derecho? La respuesta sigue siendo la misma que en el caso anterior, quizás con un matiz, no animarle, ni permitirle que desprecie a los clientes suponiendo que sean de hemisferio izquierdo. Veamos un ejemplo. Soy de hemisferio derecho, y además de RR.HH., mi colaborador tiene mi misma dominancia y debe hacer un estudio de necesidades de formación en auditoría, curiosamente con una dominancia de hemisferio izquierdo. Lo que no debo es decirle que esta gente no es creativa y que sólo sabe aplicar el reglamento. Eso servirá para desahogarnos un rato, pero está claro que voy a dificultar su trabajo.

Así que lo importante no es mi dominancia cerebral aunque yo sea el jefe. Cuando doy una orden, tengo que compensar la dominancia cerebral de mi colaborador: dejar claros los puntos clave que la otra dominancia habría tenido en cuenta de forma espontánea. Gráficamente:

Cómo dar órdenes a una dominancia de hemisferio izquierdo	Cómo dar órdenes a una dominancia de hemisferio derecho
• Insistir en el factor humano del trabajo • Dar directrices generales sobre el ambiente que queremos con el cliente • Preguntar por las técnicas o metodologías a seguir • Discutir alternativas técnicas • Marcar claro cómo queremos la comunicación y su frecuencia con el cliente y nosotros • Señalar la legitimidad de los intereses de los clientes • Marcar el trato que queremos dar a los clientes • Señalar los resultados NO cuantitativos • No dar temas obvios por supuestos	• Dar una imagen global del trabajo • Marcar las etapas o jalones más importantes • Indicar la metodología a seguir, explicando por qué no son correctas otras • Señalar detalles que nos parezcan importantes • Poner ejemplos • Marcar objetivos finales cuantitativos • Simplificar el proceso lo máximo posible • Poner límites a la comunicación con el cliente durante el trabajo • Facilitarle la comunicación conmigo durante el trabajo si tiene dudas o se encuentra confuso

Justifiquemos algunos de los temas que se dicen en el cuadro. Se trata de algo nuevo y por supuesto sujeto a debate, pero creo en el sentido común y en la bondad de la propuesta. Comencemos por el hemisferio derecho. Puede extrañar que al hemisferio que más globaliza le tengamos que dar una imagen global, una visión general del trabajo que le encomendamos. Podemos leerlo al revés dada la capacidad de desbordamiento del hemisferio derecho, si bien lo que estamos haciendo, en realidad, es establecer unos límites que no debe traspasar. Marcarle las etapas hace referencia a los momentos en los que debe informarnos o consultarnos para que el trabajo esté bajo control y para que tenga una visión de proceso del trabajo encomendado. Muchas veces el hemisferio derecho tiende a ver las ventajas de cualquier metodología y es bueno explicarle con cuál nos gustaría que efectuara el trabajo. Debemos debatir la oportunidad o no de las otras metodologías, porque puede aportarnos puntos de vista que no hemos considerado. Con motivo de la tendencia a no descender a los detalles, creo que es correcto señalarle la importancia de algunos de los mismos que a él podrían parecerle irrelevantes. Creo que los ejemplos hacen feliz a un hemisferio derecho, le hacen entender mucho mejor lo que se le está pidiendo. Aquí hemos de tener cuidado con que los ejemplos no le lleven a más confusión. Como se mueve mejor en el terreno cualitativo, tendremos que señalarle los objetivos cuantitativos que le señalarán que el trabajo está bien hecho. No es que los cualitativos no sean importantes, de eso se va a encargar de forma espontánea. A veces he observado que «los de letras», si se nos puede llamar así a los de dominancia cerebral derecha, tendemos a complicar procesos sencillos, hacemos rutas paralelas y abrimos temas que ya estaban cerrados. Creo que agradecemos que nos señalen el camino más sencillo para hacer las cosas. También creo que tendemos a comunicar en exceso y que, intermitentemente, ofrecemos información innecesaria que después cambia o no se confirma. Si alguien nos señala los límites de la información, podremos ser más prudentes en ese sentido.

El último punto hace referencia a ciertos periodos de confusión en que el pensamiento paralelo nos hace incurrir. Demasiadas posibilidades abiertas, demasiadas conexiones hechas con otros temas. Con una conversación recordando objetivos y dándonos ánimos, el desempeño del hemisferio derecho puede obrar maravillas.

No es que el hemisferio izquierdo sea exactamente todo lo contrario, pero se le parece bastante. Primero, insistir en el factor humano del trabajo encomendado, porque para él todo es cuestión de técnica. Así que hay que darle muchas pistas sobre cómo queremos que trabaje con las personas con las que se va a relacionar porque él[27] tenderá a no dar importancia a esa relación. También le debo hacer referencia al ambiente que quiero al ejecutar el trabajo. He observado que para muchas personas de dominancia cerebral izquierda el buen ambiente es una especie de plus, que un ambiente neutro es lo ideal. Y, en muchas ocasiones, el ambiente es fundamental y la clave de un buen servicio al cliente o una buena relación con el proveedor. Al igual que en el otro caso, puede extrañarnos que le preguntemos al hemisferio izquierdo por la metodología a utilizar cuando ése es uno de sus puntos fuertes. Aquí quiero disminuir el síndrome del experto. Sólo él decide cuál es la metodología a utilizar. Por otra parte, el experto en una tecnología suele creer que ésa es la más idónea y no entra a considerar otras posibilidades. La comunicación suele ser una debilidad para el hemisferio izquierdo, así que hay que darle instrucciones claras en este aspecto. Cuando doy clases a técnicos, les digo una y otra vez que un café es mucho más eficaz que un correo electrónico, pero por las caras que me ponen observo que siguen creyendo más en el poder de la informática que en el de la cafeína. También he visto cómo en algunos equipos el jefe facilita el desprecio por el cliente interno: los de RRHH siempre

---

27 N.A: Cuando escribo «él» estoy haciendo referencia al hemisferio izquierdo, no al sexo de la persona que lo sustenta.

van a la suya o los comerciales siempre engañan. Mensajes tan claros y potentes pueden focalizar a un hemisferio izquierdo, que tratará a su interlocutor en consecuencia. Señalemos los legítimos intereses de nuestros interlocutores cuando nuestro colaborador sea de hemisferio izquierdo. No está mal reincidir con el tipo de trato que queremos para nuestros clientes o proveedores. En la misma línea, indiquemos los resultados cualitativos, porque de los otros ya se ocupará él. Y, por último, y esto sobre todo cuando el que da la orden es un hemisferio derecho, no demos temas obvios por supuestos. Aquello que para nosotros puede estar muy claro puede despistar a nuestro colaborador de hemisferio izquierdo.

No sé si es necesario señalar que para dar una orden no es obligatorio tener en cuenta todos los factores que acabamos de describir. Hay que adaptarlos al caso concreto. Todos conocemos casos de hemisferios derechos con un dominio absoluto de la técnica y de hemisferios izquierdos que dan un trato excelente y cercano a sus clientes. Creo que las directrices de mando están para orientar en general y para no hacer lo contrario. No debo decir a una persona de hemisferio derecho que los detalles no cuentan. Eso ya lo sabe y lo practica todos los días. Mi labor como jefe es orientarle donde no sabe y dejarle trabajar tranquilo allí donde domine la materia. De no hacerlo así, en vez de un jefe seré un estorbo. Independientemente de mi dominancia cerebral, prefiero ser un jefe que ayuda y no un estorbo, ¿verdad?

5. *Cómo delegar*

La delegación tiene dos fases: formación y refuerzo o seguimiento. Ambas obligan al mando a cambiar de lenguaje cerebral para ganar en eficacia. Como siempre, el mando debe ser la pieza más flexible si queremos que el tamdem con el colaborador funcione.

En la primera fase, el mando debe explicar a su colaborador en qué consiste la tarea que le va a delegar. Debe buscar la motivación para lograr que el colaborador acepte la delegación. No se trata de «vender una moto», sino de plantear las cosas de manera que el otro pueda aceptarlas. Para lograr ese entendimiento, es necesario hablar en los mismos términos cerebrales que mi interlocutor. Por lo tanto, si mi colaborador es de dominancia cerebral izquierda, debo, entre otras cosas, señalar los hechos, destacar la técnica y marcar el procedimiento; pero si mi colaborador es de dominancia cerebral derecha debo, igualmente, destacar los escenarios futuros, el factor humano y la comunicación necesaria para sacar adelante el trabajo. Sin manipular[28], presentaré el trabajo como yo creo que es y no como pienso que el colaborador aceptará la delegación con más o menos agrado (o desagrado).

Una vez que la tarea a delegar es técnicamente comprendida, las cosas cambian. Creo que debemos de actuar como en el apartado anterior; esto es, complementando la visión del hemisferio dominante de nuestro colaborador, de forma similar a cuando damos una orden. Ahora se trata de reforzar sus puntos débiles y de orientarle allí donde «no ve».

Sólo una nota más sobre la delegación. Muchos jefes confunden la delegación con el retirarse del terreno del colaborador. La delegación no es dejar que los demás hagan su trabajo, sino que hagan parte del tuyo (lo que reconocerán que suena mucho más interesante). Por lo tanto, la primera instrucción vuelve a ser: «no moleste a su gente». Así, lo que acabo de escribir no sirve para dejar que cada uno haga su trabajo; sirve para una delegación de verdad. Por eso implica formación y apoyo. En la otra acción

---

28 N.A: La manipulación en el mando siempre da mucho juego. A algunas de las personas que ascienden a mandos no les gusta mandar porque creen que es igual que manipular. Siempre les insisto en los seminarios que mandar es lo mismo que influenciar, te guste o no. Que manipular es un extremo perverso de la influencia en la que hago que el otro haga un trabajo presentando unas razones que son falsas. En este caso, al hablar en su lenguaje cerebral, hago que la otra persona entienda mejor lo que quiero. Pero eso no quita ni pone para que manipule o no manipule.

de mando, en la que el jefe deja a sus colaboradores tranquilos, creo que a nivel cerebral lo que hay que hacer es no hacer mucho caso a nuestro cerebro límbico (recuerda, el que dispara y luego pregunta) y tratar de racionalizar la situación y de charlar con la persona para que nos informe sobre lo que está haciendo y, como mucho, darle mi opinión pero dejarle que ella recupere su espacio de trabajo.

6. Cómo motivar

Siempre encontraremos elementos comunes en todos los temas de *management* referidos a la dominancia o a la velocidad de los circuitos cerebrales. A veces, la diferencia vendrá en la forma de interpretar o en el uso que se da, pero el elemento será el mismo. Por ejemplo, creo que una buena gratificación bien merecida motivará a todo el mundo, sea el hemisferio dominante el que sea. Lo que es posible es que el hemisferio izquierdo sepa que se lo merece porque ha solucionado un problema o ha aumentado la facturación en un porcentaje dado, mientras que el hemisferio derecho siente que se lo merece o que ha realizado un esfuerzo fuerte. Otro tema será ver cómo se lo gastarían, pero eso afortunadamente no es materia de este libro.

Mientras preparaba los esquemas del libro, entrevisté a unas cuantas personas de las que conocía su dominancia cerebral sobre los temas que aquí se tratan. No tenía ninguna pretensión científica. Quería que confirmaran o no mis ideas y que me señalaran nuevas pistas a tener en cuenta. En el caso de la motivación, todos señalaron la importancia de que pudieran trabajar como ellos quisieran. No era tan importante el qué como el método o las prioridades. Supongo que, a estas alturas, a nadie le sorprenderá que los hemisferios izquierdos pusieran el acento en la tecnología o la metodología, mientras que los hemisferios derechos lo hicieran en el factor humano o en la creatividad. En cualquier caso, me sorprendió que los hemisferios se motivaran profundizando en aquello que ya dominan y no en mejorar aquello en lo que no son especialmente buenos. Esto ya hacía tiempo que lo había señalado Mihaly Csikszentmihalyi[29], pero pensé que una mejora en aquello en lo que estás más flojo te puede compensar y motivar. No quiero entrar en el debate sobre que a lo mejor no te motiva pero sí te deja satisfecho. La tabla que ahora vas a leer (si es que eso te motiva, claro) recoge las ideas de mis entrevistados y algunas propias sobre la motivación según hemisferios, pero el principio general sigue siendo el mismo que el del liderazgo situacional: que mi jefe no interfiera allí donde yo soy bueno. Tomad nota, jefes, seáis del hemisferio que seáis.

Cómo motivar a un hemisferio izquierdo	Cómo motivar a un hemisferio derecho
• Dejarle escoger la técnica a aplicar • Evitarle la exposición al público • Tener la última tecnología disponible • Destacar la precisión técnica de un trabajo suyo o de sus colaboradores • Presentarle a un gurú técnico • Participar en un curso técnico • Trabajos ajustados a normativa	• Dejarle trabajar con creatividad • Dejarle elegir la forma de tratar el «factor humano» • Dejarle exponer su trabajo • Equilibrar su vida profesional y familiar • Tener una charla tranquila con su jefe • Presentarle a un gurú de sus temas • Nombrarle un tutor durante un proyecto importante

Empecemos por el hemisferio izquierdo. Hay dos factores clave en la motivación de estas personas: técnica y normativa. Quizás

---

29 Vid. CSIKSZENTMIHALYI, M. (1998): *Aprender a Fluir*, Barcelona: Editorial Kairós. En muchos de los libros de este autor se trata la idea de que el desafío debe coincidir con nuestras habilidades para entrar en un estado de fluir o *flow*.

la técnica sea más decisiva que la normativa. Aunque también es muy posible que, desde el punto de vista de una dominancia izquierda, la normativa sea contemplada como algo técnico.

Para que el trabajo que encargas a un hemisferio izquierdo sea motivador, debes dejarle escoger la técnica con la que la va a realizar. En mi experiencia como mando, he tratado de entender algunos trabajos muy alejados de lo que sé hacer y he preguntado al técnico sobre por qué esa técnica o cómo funciona. Mi intención no era conocer la técnica, sino que yo pudiera explicar por qué empleábamos esa técnica si alguien me preguntaba. Creo que es uno de los papeles del mando cara a sus clientes y a sus jefes (quizás el orden debería ser al revés). Muchas veces he logrado que el técnico se sintiera molesto por «dar explicaciones» o inseguro porque yo cuestionase su pericia. Luego aclaramos malentendidos y trabajamos bien, pero sé que «preguntar al técnico por su técnica» no le hace ninguna gracia. El tema es mucho peor si le cambio la técnica que quiere usar y, además, la razón no es técnica sino «política». Pero no nos desviemos más del tema. Si quiere motivar a un hemisferio izquierdo, deje que sea él (o ella) quien elija la manera técnica de llevar el trabajo a cabo. Otro factor importante es que no les suele hacer felices tener que presentar su trabajo en público. En las presentaciones pueden sufrir mucho. Es raro que lo vean como parte de su trabajo. Se centran en los aspectos técnicos o normativos y les cuesta traducir esas razones en ventajas para su auditorio, los clientes internos, los clientes externos... Si les puedes evitar esa exposición, te estarán agradecidos, aunque es verdad que disfrutan mucho cuando una presentación les sale bien y se ganan al auditorio. Y no te cuento nada si les hace gracia un chiste suyo. Conocer la última tecnología de su campo profesional es algo que les encanta. Es algo muy motivador para ellos. Revistas, congresos, talleres,...; todo eso son actividades que les mantienen en forma y les motiva. Y tampoco es que sean robots, también son agradecidos cuando les destacas la precisión técnica de su trabajo o la solución de algún problema difícil. Pero al hacer el halago, asegúrese de que sabe de lo que está hablando, porque se puede exponer a alguna pregunta que le deje descolocado y desautorizado. A veces, me ha sorprendido lo bien que reaccionan (en especial cuando son jóvenes) cuando haces que un experto les supervise su trabajo. Entienda esa supervisión como una tutoría. Cuando pueden colaborar con un gurú técnico, suelen estar motivados. Se convierte en un aprendizaje técnico acelerado. También les alegra la vida asistir a un curso técnico, pero debe ser cuidadoso. Es muy probable que su técnico sepa más que el profesor, así que garantícese de que el profesor sabe más que el alumno. Por último, es posible que se encuentren más motivados si les deja ser el guardián de la normativa. Las normas tienen su lógica, sobre todo para los expertos. Si pueden trabajar apoyados en las normas, suelen encontrarse muy a gusto. Creo que en este caso sí se puede hacer una lectura en negativo para obtener la desmotivación. Si quiero desmotivar a una dominancia cerebral izquierda, sólo debo hacer lo contrario. Por eso los jefes que son hemisferios derechos pueden desmoralizar a sus hemisferios izquierdos al minusvalorar la técnica o la normativa. Ya veremos más adelante que esto suele traducirse en una incomprensión mutua.

Y también existen hemisferios derechos a los que hay que motivar. Existe una técnica que el hemisferio derecho quiere llevar a cabo en sus trabajos. Y esa técnica está vinculada con probar nuevas formas de hacer el trabajo. Es decir, dejarle ser creativo, que busque nuevas soluciones. De forma espontánea su cerebro busca distintos puntos de vista, encuentra distintas soluciones. Cuando el jefe no entiende las soluciones, suele menospreciarlas, y al hemisferio derecho le encanta inventar. También se motiva cuando le dejan tener en cuenta el factor humano en sus trabajos. Ser conscientes del efecto que va a tener en las personas más allá de las obligaciones marcadas por un reglamento. Es sensible hacia las personas (sí, ya sé que en ocasiones es demasiado sensible). También le gusta contar su trabajo y así poder recibir las impresiones de las personas que tienen algo que decir. Le ofrecen seguridad cuando manifiestan acuerdo y le hacen pensar cuando le ofrecen discrepancias. Así que si quiere tener motivado a un hemisferio derecho, déjele que se entreviste y se reúna. Su trabajo se enriquecerá. No le importa esforzarse, pero el equilibrio entre la vida familiar y la profesional es importante, incluso en tiempos de crisis laboral. Cuide que no sacrifique sus horas con la familia de tal manera que acabe abandonando el trabajo. Es sensible en esta faceta. Los detalles de su jefe hacia su entorno familiar también le motivan. Si operan a un hijo y su jefe se pasa por el hospital, seguro que recordará ese gesto muchos años. Pero no se pase en el acercamiento, porque también es muy celoso de su intimidad. Como buen «amante» de la comunicación, agradece una charla tranquila con su jefe. Divagar sobre el trabajo en general y, si se me permite la expresión, filosofar sobre el sentido del trabajo. Al igual que el hemisferio izquierdo, le gusta tener contacto con algún gurú de temas de *management*, comunicación... y temas que tienen que ver con lo que algunos llaman «técnicas blandas». Concertarle una entrevista con alguien importante en estos temas le resulta de lo más estimulante. En suma, creo que para el hemisferio derecho nombrarle un tutor es vivido como un premio. Puede ser más receptivo y lo ve como una oportunidad de aprender más deprisa.

Como mando, debe de identificar la dominancia de sus colaboradores y pensar en su motivación en términos de *neuromanagement*. A veces, se trata de la misma acción pero planteada en distintos términos. Pero confundirse en la motivación, en el planteamiento de un trabajo, tiene unos resultados catastróficos en la autoestima de la persona. Como colaboradores, todos hemos sufrido a un jefe que no nos motivaba en función de nuestra dominancia cerebral (más bien en función de la suya) y nos encontrábamos un poco incómodos. La verdad es que te hace dudar de tu propio nombre. No se trata de si lo hacemos con mala intención. En muchos cursos escucho esa frase: «Creí que era lo mejor». Y siempre te quedas pensando sobre la cantidad de veces que su colaborador debió enviarle señales de ayuda y él no supo dudar sobre cómo estaba planteando el trabajo. Cuando aciertas con la motivación y la dominancia cerebral, ves cómo tu colaborador recobra la ilusión y se realiza como profesional, porque obtiene resultados impensables hace apenas tres semanas.

7. Cómo rectificar

Todos nos equivocamos, en especial cuando el trabajo nos desborda y apenas podemos sacar todos los temas adelante. Nos olvidamos de detalles, no hemos informado a no sé quién, dejamos flecos que esperamos retomar más adelante, tenemos percepciones demasiado rápidas o damos temas por supuestos. Además, ese órgano que percibe la realidad desde su punto de vista y nos hace expresarnos de maneras muy concretas no se confunde; es que es así. Muchas veces nos ponemos cabezotas porque las cosas están muy claras... para nosotros. Nos movemos por el área ciega de *La ventana de Johary*, incapaces de ver lo que los demás perciben con total nitidez. Es ese momento, es fundamental la labor del jefe que nos corrige y nos señala allí hacia donde no vemos. Aunque a veces somos incapaces de tomarnos una rectificación como lo que debería ser: una oportunidad de mejora. Es verdad que nuestra actitud es una parte del tema, la otra es el tono y las formas con los que nos llega la rectificación, supongamos que ambos son correctos. Otro tema a tener en cuenta cuando vamos a rectificar a alguien es su edad. Si los estudios comentan que el cerebro se acaba de formar en torno a los veinticinco años, en especial los lóbulos frontales que nos facilitan conocer nuestro impacto en los otros y planificar el futuro, está claro que debemos seguir teniendo una labor de tutoría con las personas jóvenes que se integran en las organizaciones, incluidos los universitarios que se suelen incorporar hacia los veinticuatro años. La rectificación forma parte de la tutoría, sobre todo si el tutorado no está dotado de todo el «equipamiento cerebral» necesario.

Así que la dominancia cerebral nos «dice» cómo percibir lo que sucede a nuestro alrededor y, por lo tanto, muchos de nuestros errores se parecerán. Creo que el error que coincide con nuestra dominancia somos, en general, capaces de identificarlo. Es el otro tipo de error el que nos pasa desapercibido o incluso estamos orgullosos de cometerlo. En esta línea irán las recomendaciones de este apartado. Aunque, como siempre, no debemos obviar algunas cosas comunes a ambas dominancias cerebrales si queremos que la rectificación sea eficaz. Una rectificación no juzga a la persona, sino que señala las consecuencias negativas de una conducta. Siempre debe efectuarse de manera privada y no en público. Debe ser realizada con educación y tranquilamente, queremos que aprenda y no que se sienta atacado. Si atacamos, lo único que lograremos es encenderle las amígdalas y todo el sistema límbico, y en esas condiciones se huye o se ataca, pero no se aprende. ¿Qué distingue la forma en la que rectificamos si nos centramos en la dominancia cerebral? Veamos el cuadro siguiente.

Rectificar una dominancia izquierda	Rectificar una dominancia derecha
• Mostrar las consecuencias «humanas» de su comportamiento	• Mostrar las consecuencias «técnicas» de su comportamiento
• Trabajar con datos	• Trabajar con historias
• Que no se justifique demasiado	• Dejarle que se desahogue
• Pedirle un «plan» alternativo	• Pedirle acciones y cambios de concepto
• Priorizar el trato con las personas en el nuevo plan	• Priorizar el cuidado de los detalles

Veamos el desarrollo de cada uno de esos puntos.

Con respecto a la dominancia del hemisferio izquierdo:

Puede ser que no vea las consecuencias humanas de su actividad técnica. En ocasiones, me encuentro asesorando a alguien de esta dominancia (que puede ser de cualquier departamento, inclusive RR.HH.) que va a aplicar una técnica dura. Normalmente, no se encuentra cómodo explicando qué va a hacer. Siente que eso le rebaja profesionalmente. Para esta persona, es como si se estuviera justificando. Él sólo está aplicando la técnica. Por eso se sorprende cuando los demás no colaboran. No es fácil hacerle ver que algunas técnicas levantan suspicacias (y con razón). Que si no explica claramente para qué va a aplicarla y cómo lo va a hacer es posible que el otro se resista. Creo que en los hospitales lo van entendiendo, porque cada vez explican más cómo va a ser una prueba y por qué va a ser de esa manera. En no hacer esto consiste un error clásico. Hay que señalar que para obtener la colaboración se debe informar, que el hecho de que él garantice la bondad y la calidad técnica de sus acciones no es suficiente.

Esto, además, hay que hacérselo ver con datos. No puedo decirle que sus clientes se han quejado porque protestará sobre el conocimiento de esos clientes. Tengo que decirle que se han quejado un sesenta por ciento, incluidos los jefes de sus clientes. Debo señalarle que su trabajo no avanza como esperaba porque está levantando mucha resistencia. Lleva un retraso de tres semanas, por ejemplo. Esos datos son los que le dirán que se está confundiendo.

Quizás la instrucción sobre no dejarle justificarse suene extraña. De hecho, me lo he pensado varias veces antes de incluirla. Creo que si dejamos que se justifique, sólo sirve para que afirme en su técnica y eso no lo ponemos en duda. Puede convencernos de que él hace lo adecuado, técnicamente claro. Incluso, en el peor de los casos, acabará despotricando contra los ignorantes de sus clientes. No podemos permitirlo. Si quiere, que pregunte sobre el «factor humano», pero que no se centre en la técnica o en tal procedimiento. En la rectificación se trata de aprender, no de dar lecciones.

Cómo va a arreglar el estropicio. Curiosamente, creo que la solución consiste en que nos proponga un plan. Es una contradicción arreglar un problema humano con un proyecto, pero creo que la dominancia izquierda se encuentra más cómoda actuando de esta manera. El hecho de que pueda abordar un problema con herramientas técnicas le dará seguridad. En algunas ocasiones pide hacer un reglamento, algo que suele funcionar porque lo llevan a rajatabla. En este plan o reglamento, debemos pedirle que se centre en el factor humano: información, motivación, entender los intereses de sus clientes. En fin, todos esos temas que van a suavizar mucho la aplicación de sus proyectos.

Con respecto a la dominancia cerebral derecha:

A veces se centran tanto en cuidar (casi pongo salvar) a las personas que sacrifican la parte técnica o la aplican a medias, buscando soluciones intermedias que pueden no ser las más adecuadas. Es como si tuvieran un cartel de aviso que dice «Las mujeres y los niños primero». Esto complica la aplicación de algunas actividades técnicas. Consideran que, si lo hacen, están vulnerando algún precepto ético. Así que no es de extrañar que cometan errores cuando se trata de estos temas o de trabajos que exigen mucha atención a los detalles. Para rectificar este tipo de situaciones, el mando debe explicar los mecanismos de protección de las personas que conllevan algunas técnicas. También debe de señalar cuáles son las consecuencias de no aplicar las técnicas, errores de cálculo, o simplemente que todo el trabajo realizado no vale para nada porque no se puede acabar.

No precisa de datos porque es mucho más emocional. Es preferible contarle una historia (me refiero a una historia real, claro) o ponerle un ejemplo de cómo se han hecho las cosas en otras organizaciones. Establece muy bien metáforas y comparaciones, así que es capaz de ver cómo funciona algo sin necesidad de descender a los detalles.

Creo que a la dominancia cerebral derecha hay que dejarle que se desahogue. Tiene más necesidad de contar sus impresiones y sus dudas. Muchas veces lo hará mientras se convence a sí mismo sobre cómo llevar a cabo la tarea encomendada. Si no le dejamos expresarse, volverá a sus conceptos sobre la ética y a sus dudas.

Para enderezar, sospecho que no es necesario pedirle un plan. Decía Nietzsche: «El que sabe el porqué encuentra un cómo». Si hemos logrado darle seguridad, habrá modificado sus conceptos y actuará de otra manera. Incluso es posible que comente a otros su nuevo punto de vista.

De todas formas, habrá que seguir insistiendo en la necesidad de cuidar los detalles, porque la visión holística que aplica a todos los temas hace que no vea su importancia.

El *neuromanagement* facilita que podamos trabajar con las personas diagnosticando su dominancia y hablar su idioma cerebral. Esto nos ayudará a mandar entendiendo sus necesidades y las bases de las que parten. Todavía nos quedan un par de temas para acabar este capítulo. Les he roto la estructura para que sea más variado.

8. Trabajo en equipo

Cuando me reúno con un equipo, ya sea como consultor o como integrante del equipo, siempre me llama la atención el reparto de papeles y la poca conciencia que algunas personas tienen del mismo. Siempre hay gente que impulsa el equipo desde el principio, que tiene empuje y que es capaz de motivarnos a todos. Si tenemos un problema con alguien de fuera, sabemos quién debe ir y quién no. También sabemos quién es bueno para buscar información y para investigar. Pero a veces hay que detenerse en los detalles y bucear hasta la saciedad. Hay gente capaz de hacerlo y otros que, con perdón, ni queriendo. A estas alturas del libro, supongo que algunos de los ejemplos ya le llevarán a la conclusión de la dominancia cerebral de cada uno. Pero los equipos no se forman teniendo en cuenta la variedad cerebral. Aunque muchos autores insisten en que cuanto más heterodoxo es un equipo más posibilidades de éxito tiene. Para describir los roles que se desarrollan en un equipo, me apoyo en *el modelo de Belbin*, que me parece muy completo a nivel de roles[30]. Al cuadro de los roles le he añadido la dominancia cerebral a la que hacer referencia.

Dominancia cerebral y trabajo en equipo según Belbin[31]

Dominancia por heminsferio	Rol de equipo	Contribución	Debilidad permitida
D	Cerebro	Creativo, imaginativo, poco ortodoxo. Resuelve problemas difíciles	Ignora los incidentes. Absorto en los pensamientos no sabe comunicarlos
I	Coordinador	Maduro, seguro de sí mismo. Aclara las metas a alcanzar. Promueve la toma de decisiones. Delega.	Puede ser manipulador. Se descarga de trabajo propio
I	Monitor evaluador	Serio, perspicaz. Estratega. Percibe todas las opciones. Juega con exactitud	Carece de iniciativa y de habilidad para inspirar a otros
I	Implantador	Disciplinado, leal, conservador y eficiente. Transforma las ideas en acciones	Inflexible en cierta medida. Lento en responder a nuevas posibilidades

---

30 Vid. BELBIN, R. M. (1981): *Management Teams. Why they succeed or fail*. London; (1993): *Team Roles at Work*. London.
31 La columna de la dominancia es de elaboración propia. El resto del cuadro es del libro de la referencia anterior.

D	Finalizador	Esmerado, concienzudo, ansioso. Busca los errores y las omisiones. Finaliza en plazo	Tiende a preocuparse en exceso. Dificultades claras para delegar
D	Investigador de recursos	Extravertido, entusiasta. Busca nuevas oportunidades. Desarrolla contactos	Demasiado optimista. Pierde el interés cuando los proyectos pasan la primera etapa
I	Impulsor	Retador, dinámico, trabaja bien bajo presión. Tiene iniciativa y coraje	Propenso a provocar. Ofende sin necesidad
D	Cohesionador	Cooperador, apacible, perceptivo, diplomático, impide enfrentamientos	Indeciso en situaciones cruciales
I	Especialista	Sólo le interesa una cosa al tiempo. Aporta cualidades y conocimientos específicos	Contribuye sólo cuando se trata del tema del que es especialista. Se pierde por los tecnicismos

Tres roles derechos y seis roles izquierdos si la herramienta es completa (y es muy buena). Parece que los equipos precisan más técnicos que personas creativas y centradas en las personas. Pero lo interesante son los roles que juegan en equipos de proyectos. Todo proyecto tiene un inicio, una crisis, un desarrollo y un final, según *el modelo de Tucker*. Podemos cruzarlo con *el modelo de Belbin* y el de dominancia de hemisferios y encontramos información curiosa. A lo largo de un proyecto, se necesitan los siguientes roles:

Inicio	Investigador de recursos Cerebro	Hemisferio derecho Hemisferio derecho
Crisis	Monitor evaluador Cohesionador	Hemisferio izquierdo Hemisferio derecho

Desarrollo	Cerebro	Hemisferio derecho
	Coordinador	Hemisferio izquierdo
	Implantador	Hemisferio izquierdo
	Especialista	Hemisferio izquierdo
Final	Especialista	Hemisferio izquierdo
	Finalizador	Hemisferio izquierdo
	Investigador de recursos	Hemisferio derecho

Clarifiquemos la secuencia a través de una historia. Inma es la responsable de un equipo transversal, formado por personas de distintas direcciones. Tienen que presentar un prototipo de un producto estrella de la compañía que comenzará a venderse en el plazo de un año. Para ello debe estar terminado el diseño en el plazo de cuatro meses. Normalmente, los equipos anteriores tardaban once meses en el diseño de nuevos productos. El equipo lo conforman nueve personas, casi todos son técnicos de gran reputación dentro de la empresa. Es decir, que se encuentran por una amplia mayoría las personas que tienen una dominancia cerebral izquierda. Eso, en principio, no preocupa a Inma, que también tiene una dominancia izquierda.

La primera reunión fue un completo desastre. Sus compañeros no hacían más que traer datos sobre la imposibilidad de lograr el encargo: los tiempos de equipos anteriores, cálculo del número de horas, qué sucedería si se encargaba fuera y ellos supervisaban. Inma no podía creer lo que estaba viendo. Parecía un equipo de saboteadores. Durante un descanso, llamó a su jefa y le comentó la situación, y su jefa le preguntó si se encontraba Álvaro. Le comentó que efectivamente estaba y su jefa le dijo que le picara sobre la capacidad técnica del equipo para llevar a cabo la tarea encomendada. Así lo hizo ella y durante la reunión Álvaro se puso a lanzar puyazos a diestro y siniestro. Al final, se enfadó todo el mundo, pero quedaron en verse en dos días y como tarea pensar en el proyecto, sus ventajas e inconvenientes y buscar una metodología de trabajo. A pesar de ello, Inma no estaba nada contenta, sabía que iban de cabeza a una crisis porque Álvaro había irritado a todos. Su jefa le propuso incorporar al equipo a Jorge, un especialista en marketing. Inma esbozó una mueca jocosa porque se acordaba del apelativo de Jorge: ‹Don Sonrisas›. «¿Tú crees que va a aportar algo?», preguntó Inma un poco contrariada. A pesar de eso incorporó a Jorge al equipo. Para evitar sorpresas y para que todos se hicieran a la idea, envió un correo a todo el mundo informando de la nueva incorporación. Algunos le hicieron la misma pregunta que se había hecho ella.

Como preveía, la reunión fue muy tormentosa. Hubo mucha bronca y bastantes devolvieron a Álvaro los golpes recibidos. Éste parecía encantado. No lograban avanzar nada, e incluso alguno lanzó la famosa frase de trabajo en equipo: «Nos han nombrado para que fracasemos». Jorge estuvo casi toda la reunión extrañamente callado. Tomaba notas de vez en cuando. Hablaba casi todo el mundo a la vez e Inma tuvo que ponerse seria para imponer el orden. En un momento de silencio Jorge tomó la palabra y, de manera muy suave, fue haciendo un resumen de la situación. Fue marcando los puntos fuertes y débiles del equipo de cara al proyecto. También hizo un esfuerzo por delimitar lo que la empresa esperaba de ellos, pero siempre utilizaba lo que había escuchado en la reunión. Por un momento se hizo el silencio y se pudo ver cómo todos pensaban. Jorge trató de establecer algunas reglas del juego: frecuencia de las reuniones, necesidad de informes. En ese momento, Inma se lanzó a repartir trabajo pero Jorge volvió a desviar la conversación con mucha suavidad: qué pueden aportar cada uno al proyecto. Inma entendió la estrategia y les habló de la falta de tiempo que todos tenían y de la necesidad de abandonar otras actividades. Luego dio un dato que hizo que todo el mundo se pusiera en alerta: a finales de la semana que viene había que presentar una planificación al Consejero Delegado de la Compañía. Esperaba que alguno de los presentes le acompañara. Se quedó sola con la invitación, porque a ninguno de los presentes le gustaba exponer, y menos delante de esa fiera.

Jorge se quedó charlando con ella y le hizo algunas aportaciones interesantes, sobre todo la de entrevistarse con cada uno de ellos antes de la reunión con el CEO. Luego le hizo que los identificara de más colaboradores a más reticentes con el proyecto. Inma hizo la lista y pensó en hablar con su jefa para que les presionara, pero la propuesta de Jorge le tomó desprevenida: qué problemas podían tener para colaborar. Fueron identificando todos los problemas para preparar la entrevista. ¿Cómo podían ayudarles? Las entrevistas fueron casi todas cordiales y la gente fue a la siguiente reunión con propuestas. Jorge y ella prepararon la presentación al CEO. El trabajo fue agotador. En un momento, ella se cansó y comentó que esa parte del proyecto le daba fatiga y que ella era una técnica, no una vendedora. Su compañero de trabajo se divirtió mucho, hasta que le soltó una frase lapidaria: «No lo olvides: 'Lo que no se vende no se compra'». Necesitas ayuda del CEO para tu proyecto. Los técnicos no dais importancia a estos temas y son clave. Ensayaron la presentación incluso con técnicas antipánico. Todo salió bien, lograron fondos para el proyecto y lo mejor fue que el CEO dejó claro a los otros directores su interés por el proyecto. Hasta sugirió a Inma la posibilidad de tomarse unos días con su equipo en el Centro de Formación de la empresa y así impulsarlo.

En la siguiente reunión todavía existían reticencias, pero entraron en una fase cómoda para todos: cada uno se ocupaba de su parcela técnica. Eso les daba seguridad, aunque pronto descubrirían que la tregua iba a durar poco. Los objetivos de unos y otros parecían incompatibles. Uno quería probar mucho tiempo y otro modificar la cadena de producción antes. El financiero había planificado los gastos y repartió los presupuestos previamente a que todos dijeran lo que querían hacer. Eso sentó bastante mal y se lanzaron amenazas de abandono del equipo. Jorge volvió a echar mano de toda su diplomacia para señalar la necesidad de empezar a trabajar juntos y propuso uno de los encuentros en el Centro de Formación. La primera sesión la dedicarían a explicar lo que iba a hacer en el proyecto y qué ayuda iba a necesitar de los otros, en qué podía ser más flexible y en qué era imposible que cediera y por qué. A partir de aquí, volverían a planificar.

La reunión fue un éxito porque todos escucharon y pudieron ver el proyecto desde diversas perspectivas. Incluso el financiero rehizo sus cálculos y pidió disculpas por haberse adelantado. Curiosamente, para él todo el mundo le trataba mejor desde entonces. También Inma se encontraba a gusto porque tenía una imagen más clara de lo que quería y así podía trasladarla al equipo. Jorge se mantenía al margen y se dedicaba según sus propias palabras «a remover obstáculos». La sorpresa vino en la última comida cuando el CEO y la jefa de Inma aparecieron por sorpresa. Al principio se quedaron mudos, pero los mandos se mostraron relajados y poco a poco fueron enterándose del estado del proyecto. Más mudos se quedaron cuando el CEO les felicitó y les hizo algunas sugerencias ofreciendo su ayuda para temas concretos.

Todo iba más o menos bien, pero no lograban cerrar el proyecto. Inma empezó a ver cómo peligraban los plazos, así que puso en marcha una idea. Habló con Ricardo y le encargó ir cerrando el proyecto. Ricardo era claramente un finalizador, no había detalle que se le escapara y tenía el respeto de sus compañeros debido a su profesionalización y su capacidad de trabajo. Las pruebas de prototipo tuvieron problemas, pero Inma hacía reuniones de dos o tres miembros del equipo para solucionarlos. Cortaba de raíz cualquier acusación y siempre decía: «Cómo podemos lograrlo». Para sorpresa de todos, el proyecto acabó dos semanas antes de lo previsto. Jorge, que se había retirado poco a poco, volvió con fuerza y preparó una presentación espectacular. El CEO se mostró encantado con los prototipos y, por primera vez, no se oyeron sus gritos por todo el edificio durante la presentación de un nuevo producto. Incluso celebró una comida con todos.

Inma y Jorge quedaron para tomar un café y charlar sobre el proyecto. Jorge señaló los aciertos y los errores de Inma, y también los suyos. Sobre todo hizo hincapié en la flexibilidad del equipo, en los cambios de roles y en poner a cada uno en sitios que coincidían con sus habilidades «cerebrales». La necesidad de darles tiempo y de respetar sus aportaciones y sus debilidades van juntas, no se pueden separar. Jorge, dado a las frases, le comentó: «Debajo de todo problema técnico hay un problema humano. Como jefes no debemos olvidarlo».

¿Qué ha sucedido en esta fábula que acabamos de leer? ¿Qué conclusiones de *neuromanagement* podemos obtener?

- Antes de conocer el proyecto, todos los participantes tienen su opinión. Ya se ocupa el cerebro límbico de que así sea
- Si el proyecto es desconocido, o las personas que trabajan en él no nos gustan, lo más probable es que las amígdalas nos enciendan todas las alarmas. Algo poco racional pero efectivo para pelearse con los tigres dientes de sable[32]. Nuestra respuesta será parecida a atacar o huir
- En los proyectos hay fases específicas para cada tipo de cerebro y algunos no se activarán hasta que no lleguen a esa fase. Si trata de obligarlos a participar fuera de esas fases, no va a encontrar a un colaborador precisamente. Piense en el especialista o el finalizador
- Hay fases concretas que desactivan a otros tipos de cerebro. No es que pierdan interés, es que son incapaces de hacer más. No saben y su mejora, si se esfuerzan, no será especialmente significativa. ¿Se imagina a un investigador de recursos tratando de cerrar un proyecto?

---

32 N.A: Ya sabemos que al tener el equipamiento del *Homo sapiens sapiens* nuestro cerebro límbico se activa dando respuestas de ataque o huida. Un mecanismo muy útil en épocas remotas y que ahora nos trae numerosos problemas, como el de ver tigres dientes de sable donde no los hay. Pero tampoco se confíe del todo, ¿cómo sabe que no quedan tigres de ésos en su empresa?

- Hasta que el cerebro no llega a una de las fases del proyecto que coincide con sus habilidades se sentirá amenazado. Por eso, en las fases iniciales de los proyectos, la mayoría de los participantes no están precisamente entusiasmados
- Si eres el coordinador de un proyecto trata de dar una imagen general del proyecto, ofrecer datos y poner ejemplos de manera que hables al cerebro límbico y al cortical, al hemisferio derecho y al izquierdo
- Parece una tontería, pero si ofreces café durante las reuniones, éstas transcurrirán mejor. No sólo porque no se duerman, sino porque libera oxitocina en el cerebro y con esa sustancia por las venas es más difícil discutir
- Para acabar, una vez más, te suplico que disfrutes de la heterogeneidad. Huye de los equipos homogéneos, que son señal de fracaso seguro, aunque ellos crean que lo han hecho muy bien y el resto de la empresa practique *La conjura de los necios*.

9. *Presentaciones en público, y además eficaces*

En el libro *La isla de los cinco faros* —altamente recomendable para quienes tienen que recurrir a menudo a presentaciones en público— narra Ferrán Ramón-Cortés una historia muy interesante sobre un compañero de trabajo que quiere obtener fondos para una ONG, para lo que bombardea a sus interlocutores con un montón de datos sobre las necesidades. Al final, viendo que no logra meterles en la historia, les cuenta que acaba de adoptar una niña y les dice cómo es. Sí, por fin logra que entren en la historia. Supongo que la mayoría habréis caído en la cuenta de que su error fue hablar para dominancias cerebrales izquierdas cuando la mayoría, al parecer, eran de dominancia cerebral derecha. También pudo ser que un tema que se trataba con sentimientos (desde el hemisferio derecho) lo quiso abordar desde los datos y números (desde el hemisferio izquierdo), y eso dificultaba que llegara a la gente.

¿Qué puede suceder, desde el punto de vista del *neuromanagement*, cuando me pongo delante del auditorio? Ya sabes que el cerebro límbico no descansa y es probable que, en seiscientas milésimas de segundo, ya tengan una opinión sobre nosotros y nuestra presentación, nuestra forma de andar, de vestir, de sonreír (o no), incluso si recordamos a alguien hasta atribuirnos la personalidad del evocado,... Todo va a hacer que el auditorio se forme una opinión sobre nosotros, y no puede evitarlo. Así, lo no-racional va a tomar la primera decisión, que no necesariamente tiene que ser la última. A lo largo de la presentación, el neocórtex irá tomando el control y decidirá de forma más racional sobre la misma.

Casi todos los manuales de presentaciones eficaces resaltan la importancia del primer minuto. Comiencen con un chiste, una anécdota. Más vale que sea bueno porque todos los auditorios esperan la gracia. Lo más divertido es la cara que se le queda al orador cuando cuenta el chiste y no se ríe ni el presentador. Creo que sería más trágico si además toman apuntes pensando que se trata de algo serio. ¿Qué hacer durante ese primer minuto? Hemos de captar la atención de varios idiomas cerebrales lo antes posible. Mi consejo es utilizar una mezcla: un dato sorprendente que llame la atención, una visión general de la charla, una posible evolución del tema y, por último, una historia o una anécdota. Y debes hacerlo durante los dos o tres minutos. Tocar a cada uno de los asistentes en diversas partes del cerebro para que sepan que la charla va con ellos. Y es fundamental que las distintas velocidades del cerebro y las dominancias de los hemisferios se activen con el comienzo, porque, si no, van a descalificar la charla. Si comienzo con una historia muy emotiva, voy a perder a los del hemisferio izquierdo. Si por el contrario hago un despliegue de datos, voy a dormir a los del hemisferio derecho. Creo que una mezcla será como ir por una calle llamando a las puertas para que algunos salgan a ver qué pasa.

En una presentación hay que tener en cuenta tanto lo que debo hacer como lo que no debo hacer y en el caso de las dominancias cerebrales esto parece acentuarse. Una vez di un curso de cinco días. Cometimos dos erratas: una en una transparencia de cincuenta y ocho en total y otra en un párrafo de un manual de doscientas treinta páginas. Un participante me lo hizo notar el primer día, y el último día me lo volvió a recordar, aunque el curso, según dijo, le había gustado (supongo que a su pesar). Hay cerebros que se fijan en los detalles y les dan mucha importancia, incluso creo que les desequilibran para disfrutar de otras cosas. Después de entrevistar y pensar sobre el tema, creo que podemos señalar algunas intolerancias de los hemisferios con respecto a las presentaciones.

Intolerancias izquierdas ante las presentaciones en público	Intolerancias derechas ante las presentaciones en público
• Errores en los datos • Errores en el formato • Errores en una fuente de datos • Tomar una palabra parecida por la palabra exacta • Cambiar la presentación sobre la marcha	• Demasiados datos • Falta de modelo • Falta de sensibilidad al factor humano • Tomarse demasiado en serio (ningún rasgo de humor) • Contar mal una historia

Fuente: Basado en escritos de Ned Herrmann.

Supongo que la lista puede ser más larga y me gustaría matizar la palabra «intolerancias». Estimo que es demasiado fuerte, quizás sería más sensato hablar de excesiva sensibilidad. A veces me ha sucedido en alguna presentación que el orador se confunde al contar una historia de las que a mí me gusta creer que cuento bien. Y, aunque la charla fuera excelente, hasta ese momento me descubro a mí mismo bastante enfadado y pensando cosas del tipo: «Se ha cargado la historia», «Así no tiene sentido», «Ha perdido toda la fuerza», …, por lo que me cuesta recuperarme de ese momento de enfado.

¿Cómo organizar una presentación que guste a todas las sensibilidades cerebrales? Aquí presento una lista de chequeo que considero que contiene todos los elementos para que nuestras presentaciones tomen fuerza.

Dominancia izquierda	**Sí /no**
Ideas claras	
Pocas ideas	
Explicitar la lógica de la exposición	
Dar datos	
Dar fuentes de datos	
Ejemplos	
Casos	
Dar lecturas breves	
Dar bibliografía	
Dar teoría / modelos	
Dejar claro el proceso	
Dejar claras las habilidades	
Lecturas / más amplias que en el caso anterior	
Casos para comentar	
Cuidar mucho las formas y el diseño	
Dominancia derecha	
Dejar que expresen sus ideas	
Ejercicios para lograr el consenso	
Dejar que aporten su experiencia personal	
Casos orientados a problemas interpersonales	
Trabajos de equipo	
Construir conceptos evaluados	
Ejercicios en equipo	
Soportes visuales	
Aprendizaje individual y creativo	
Proyecciones de futuro	
Pequeñas investigaciones	

Estas ideas son válidas para las presentaciones y también para una formación de corta duración. No se trata de que cualquier presentación lleve todos los elementos. Tendrás que hacer presentaciones que duren cinco minutos apenas, algo que sucede mucho con los Comités de Dirección. Selecciona el material más impactante y dispara hacia ambas dominancias si no quieres recibir críticas de uno de los dos bandos. Recuerda que en la comunicación lo importante no es decir el mensaje, sino que éste llegue en condiciones para que el receptor pueda recibirlo.

10. La comunicación

Vamos a cerrar este primer bloque hablando de esa «metacompetencia» que es la comunicación. Sobre ella corren las demás habilidades y es importante conocer cómo actúan y cómo mejorar nuestra comunicación en relación con la dominancia cerebral. Si la concentración y la especialización son puntos fuertes del hemisferio izquierdo, la comunicación es uno de los puntos del hemisferio derecho. Por eso, las personas que tienen mayor dominancia del hemisferio derecho destacan en las actividades vinculadas con la comunicación: reuniones, entrevistas, presentaciones; en cambio, aquellas personas cuya dominancia cerebral es izquierda se ven algo torpes en el tema comunicativo. Muchas veces el experto decide no pasar por el bochorno de una presentación o creen que por más esfuerzos que hagan en comunicación su mensaje apenas llegará. En los equipos de investigación se puede dar una combinación muy eficaz: la del técnico y la del comunicador. Pueden formar un tándem demoledor a la hora de ser técnicos, de lograr fondos o de comunicar sus avances. Veamos cómo ambos hemisferios se relacionan con la comunicación.

Dominancia izquierda y comunicación	Dominancia derecha y comunicación
• No está cómodo comunicando • Prefiere la comunicación escrita • Da por supuesta la comunicación • Hace referencias a reglamentos y procedimientos • Se emociona con la técnica	• Disfruta con la comunicación • En especial con la comunicación cara a cara • Tendencia a la dispersión • Usa bien el humor • Le encanta contar historias

Maticemos algunos de los puntos, comenzando por el hemisferio izquierdo. La comunicación es un escollo, no le gusta. Hablar en público suele ser una actividad obligatoria. Prefiere la comunicación escrita, siempre puede revisarse y puedes volver a acudir a ella en caso de duda, pero suele ser directo, demasiado directo, en la comunicación escrita. Muchas personas interpretan sus correos electrónicos como algo fríos y, a veces, impertinentes; algo que es ajeno a su intención y que él no percibe así. Confía en la magia de las palabras escritas. Si pide algo a alguien y éste no contesta, cree que lo hará (lo que no suele ser así). También presume que si algo está escrito en un reglamento, todo el mundo lo hará. Por último, he observado que son capaces de emocionarse al hablar de un método técnico o de una máquina, lo que puede llegar a transmitir emoción al auditorio pero es un contenido y un continente paradójico.

El hemisferio derecho es el gran comunicador. Disfruta con las reuniones, las entrevistas. La comunicación cara a cara es su fuerte. Una de sus debilidades puede ser su dispersión (sobre todo cuando el receptor tiene una dominancia cerebral izquierda) que le hace saltar de un tema a otro sin lógica alguna. Si da una charla, es capaz de hacer disgresiones que la hacen más interesante, siempre que no se le vaya de la mano. También bromea, crea buen ambiente en las presentaciones y sus chistes y anécdotas pueden ser espontáneos. Finalmente, es un relator de historias: ejemplos, casos, referencias a libros,...; le gusta contarlas bien.

¿Cómo pueden mejorar cada uno de ellos? Aquí van algunas recomendaciones. Las personas con dominancia cerebral izquierda, en especial si son jefes, deben cuidar su comunicación. Si pueden y sobre todo con su equipo, comiencen por las entrevistas. Dejen las reuniones para cuando dominen mejor la comunicación. En las entrevistas se encontrarán más seguros. Si se equivocan, pueden volver a plantear la entrevista. En una entrevista nos encontramos con un solo receptor, y controlarla es más fácil. No trate de decir todo, deje espacios para que la otra persona exponga sus puntos de vista. Ensaye las entrevistas a solas, en su casa. Mírese en un espejo, tome conciencia de la imagen que ofrece a su interlocutor. No haga referencia a los reglamentos o procedimientos. No se trata de llevar la razón, sino de convencer, y no tema contar alguna historia (sobre todo si su interlocutor es de dominancia cerebral derecha). Seguro que su interlocutor se lo agradece, por lo que es posible que entienda mejor lo que quiere decirle.

Si su dominancia cerebral es la derecha, también debe hacer algunos esfuerzos por mejorar. Haz un guión que te evite una dispersión excesiva. Introduce el rigor en tus cifras, citas, bibliografía. A ti no te parece necesario, pero a tu interlocutor sí (sobre todo si es de dominancia cerebral izquierda). Y muy importante: controla los saltos de un tema a otro, que para ti sí tienen lógica, aunque no para el resto de la humanidad. Tampoco des algunas cosas por supuestas. No empieces a contar una historia sin aclarar si era una empresa o tu casa en donde sucedía porque puedes despistar a todo el mundo.

En este punto, vamos a tomar un respiro de tanto *management* y volvamos un poco al cerebro. Conozcamos *el modelo de dominancia cerebral de Ned Herrmann*. Es un modelo que resume algunos de los puntos que hemos visto hasta ahora y también los amplían en ciertos sentidos. Es un modelo pedagógico. A su autor le gusta hablar de metáfora. No sé si tiene visos de ser un modelo fisiológico, es decir, que cuando habla de dominancia derecha límbica al contar una historia espera que en un PET nuestro cerebro tenga más activada exactamente esa zona. Sospecho que no es así, que el cerebro es más complejo de lo pueda resumir un modelo, independientemente de lo cibernético que sea. Pero creo que la gran virtud del *modelo de Herrmann* es lo práctico que es y cómo nos permite interpretar algunas situaciones de mando y de RR.HH. desde el punto de vista del cerebro, del neuromanagement. También creo que las aportaciones para la escuela de la historiadora y experta en temas de enseñanza Marie Joseph Chalvin se pueden aplicar en entornos de *management* sin necesidad de grandes transformaciones; en especial el tema de las incomprensiones mutuas, cuyo impacto en la forma de trabajar y en algunas técnicas de RR.HH. me parecen fundamentales. De esto va la segunda parte del libro.

Capítulo cuarto

El modelo de Ned Herrmann

1. El modelo de Ned Herrmann

Para marcar «territorios» quiero señalar que el *neuromanagement* es la aplicación del funcionamiento del cerebro al *management* de las organizaciones. Esto quiere decir que sus fuentes son de dos tipos: los descubrimientos fisiológicos sobre el cerebro y los modelos mentales. Hay dos autores que marcan ciertas rutas a seguir que creo que son las más eficaces en el mundo de las organizaciones. Ambos tienen una fama justa y declaro que es correcto señalarles como predecesores y, por supuesto, maestros en la distancia. Uno de ellos es Daniel Goleman y otro Ned Herrmann. Goleman señala al comienzo de su último libro traducido al español, *Inteligencia social,* al que ya he aludido con anterioridad, la existencia de un cerebro social. Algunos acusan a Goleman de ser un publicista, pero de no inventar nada. Creo que va más allá, sobre todo si leemos su obra completa, incluidos los libros sobre meditación. Ya hemos hecho referencia en este libro a algunas de sus aportaciones y no se trata de repetirse. Lo menciono como una autoridad vinculada a la fuente de los avances fisiológicos del cerebro. El otro autor es Ned Herrmann, que desarrolló su modelo en profundidad para las empresas, en especial en su libro *The Whole Brain Business Book*[33].

Aquí vamos a presentar un resumen de sus ideas para profundizar un poco más en los tipos de cerebro y su importancia en el *management*.

Según cuenta en sus libros y escritos, concibió el modelo a finales de los años setenta. En esa época era responsable de un centro de formación de *General Electric* en Crotonville, Nueva York. Su preocupación era la creatividad y cómo mejorar a los mandos a través del conocimiento del cerebro. Durante un viaje en coche, obtuvo una imagen superponiendo los modelos de Mac Lean y Sperry (los conoces de la primera parte del libro) y le sugirió la idea de cuatro áreas del cerebro. Cada una podía tener su dominancia y comportarse de manera distinta. Ahora volvemos sobre este punto.

En 1982 dejó General Electric y fundó *The Ned Herrmann Group*, profundizando en el modelo y desarrollando una serie de instrumentos para su aplicación en las empresas. Desde entonces su consultora imparte cursos en muchos países y tiene datos de diversas partes del mundo que refuerzan la utilidad de su modelo. Creo que allí reside la fuerza de su modelo, en su utilidad y su pedagogía. Permite entender qué sucede. Incluso tiene un instrumento para medir la dominancia cerebral, se llama HBDI.

Creo que alguna de las críticas que se le puede hacer al modelo es que en el caso del estilo de mando sus conclusiones son complejas de aplicar. Nueve estilos son muchos, aunque los nueve son correctos. Aquí hemos optado por otra vía: a saber, cómo mandar a alguien de una dominancia determinada y no cómo manda alguien desde una dominancia concreta. Serán, sin duda, influencias del «liderazgo situacional» de Hersey y Blanchard,

---

33 HERRMANN, N. (1996): *The Whole Brain Business Book*, New York: Editorial Mac Graw Hill.

pero esto no le quita ni un ápice de su validez. Consecuentemente, insistimos en que lean sus libros y artículos para comprender en profundidad su modelo, ya que lo que aquí va a encontrar es un mero resumen.

Veamos una visión global del modelo. Para Herrmann el cerebro se divide en cuadrantes: izquierda y derecha (según el hemisferio cerebral) y límbico y cortical (según la zona inferior o más alta del cerebro). No te asustes, el modelo es sencillo y creo que hasta divertido (lo digo como un halago). Veamos estas cuatro partes y algunas de sus características.

Cortical izquierdo: Experto	Cortical derecho: Estratega
Lógico	Holístico
Analítico	Intuitivo
Basado en hechos	Integrador
Cuantitativo	Sintetizador
Límbico izquierdo: Organizador	**Límbico derecho: Comunicador**
Secuencial	Interpersonal
Organizador	Basado en sentimientos
Minucioso	Kinestésico
Planificador	Emocional

Fuente: Basado en escritos de Ned Herrmann.

Ya conoces los nombres con los que bautizó a cada uno de ellos[34]. Ahora vamos a entrar a describir los estilos y habilidades que los singulariza, para lo que me valdré del resumen de la profesora Marie Joseph Chalvin por su concreción y exactitud

---

34 N.A: Quiero hacer un resumen y no una crítica, pero reconozco que no acabo de entender bien el apelativo de «estratega». El cuadrante cortical izquierdo me parece más visionario que estratega. Va adónde quiere ir, si bien tengo mis dudas de que sepa operativizar el cómo. También puede ser que no conozca del todo la teoría de Herrmann, así que le remito a sus escritos para formarse su propia opinión.

2. El cerebro del experto

Ocupa el hemisferio izquierdo en su parte cortical, es decir, más evolucionada. De lo que hemos visto hasta ahora, conviene señalar que el experto se decanta por la técnica. Sus habilidades las trasforma en herramientas. Su competencia consiste en cuidar el detalle y operativizar sus conocimientos en algo útil. La lógica matemática o naturalista es su fuerte. Es capaz de encontrar errores de coherencia en cualquier trabajo o proyecto que se le presente. Su flanco más débil es que cree que su lógica es la única, se esté analizando un problema técnico o un problema humano. Otro de sus problemas es que la comunicación no es su fuerte, lo que le dificulta las labores de mando.

Herrmann señala como profesiones vinculadas a este cuadrante a los científicos, técnicos, financieros, médicos, abogados y directores[35].

Cortical izquierdo: experto		
Comportamientos	**Procesos**	**Competencias**
Frío, distante	Análisis	Abstracción
Pocos gestos	Razonamiento	Matemático
Voz elaborada	Lógica	Cuantitativo
Intelectualmente brillante	Rigor, claridad	Finanzas
Evalúa, critica	Gusta de modelos y teorías	Técnico
Irónico	Colecciona hechos	Resolución lógica de problemas
Le gustan las citas	Procede por hipótesis	
Competitivo	Le gusta la palabra precisa	
Individualista		

Fuente: Chalvin, M.J. (2003).

---

35 HERRMANN, N. (1996), p.. 28.

3. El cerebro del organizador

Es una persona centrada en los procesos administrativos. Disfruta con un flujograma o la descripción de un proceso. Es muy procedimental, capaz de ver las fases y profundizar en cada una ellas, desde el principio al final de una acción, un proyecto o un proceso. Suele estar emparejado con una gran capacidad de trabajo.

Sus peores cualidades es que a veces se orienta mucho al poder. Le gusta ascender aunque no esté dentro de las competencias esenciales de una organización. A veces he observado que puede ser muy desorganizado. Es, si me permites la expresión, organizado a medio y largo plazo, y desorganizado a corto plazo. Ve innecesaria la comunicación, pues todo está en los reglamentos.

Las profesiones vinculadas son, según Herrmann[36], administrativo, contable, soporte, supervisor, ...

Límbico izquierdo: organizador		
Comportamientos	**Procesos**	**Competencias**
Introvertido	Planifica	Administración
Emotivo controlado	Formaliza	Organización
Minucioso, maniático	Estructura	Realización, puesta en marcha
Monologa	Define procedimientos	Conductor de personas
Le gustan las fórmulas	Secuencial	Orador
Conservador, fiel	Verificador	Trabajador consagrado
Defiende su territorio	Ritualista	
Ligado a la experiencia	Metódico	
Ama el poder		

Fuente: Chalvin, M.J. (2003).

---

36 Ibidem.

4. El cerebro del comunicador

Éste se encuentra ubicado en la parte límbica del hemisferio derecho. Conocer gente es su hábitat natural. Lee bien las situaciones cara a cara y en los equipos.

Sus «peores cualidades» son la falta de atención al detalle y la necesidad de confraternizar. Eso le hace bueno para salir de los conflictos, pero no para dejarlos que maduren.

Las profesiones vinculadas se circunscriben a la de consejeros, profesores, trabajadores sociales, servicio, sanitarios, …

Límbico derecho: comunicador

Comportamientos	Procesos	Competencias
Extrovertido	Integra por experiencia	Relacional
Emotivo	Se mueve por el principio del placer	Contactos humanos
Espontáneo		Diálogo
Gesticulador	Fuerte implicación afectiva	Enseñanza
Lúdico	Trabaja con sentimientos	Trabajo en equipo
Hablador	Escucha, pregunta	Expresión oral y escrita
Idealista, espiritual	Necesidad de compartir	
Busca acuerdos	Necesidad de armonía	
Reacciona mal a las críticas	Evalúa los comportamientos	

Fuente: Chalvin, M.J. (2003).

5. El cerebro del estratega

Ubicada su dominancia en la parte cortical del hemisferio derecho, es capaz de «viajar en el tiempo» hacia el futuro. Visualiza cuáles pueden ser los escenarios venideros. Es el más creativo de los cuatro y, esto es opinión mía, el que tiene un lenguaje más elaborado. Cuesta seguirle. Quizás ése sea uno de sus puntos débiles, le supone mucho esfuerzo comunicar a los demás sus ideas; lo que le complica las relaciones con los otros tipos de cerebro, sobre todo con los del hemisferio izquierdo.

Herrmann lo vincula a profesiones como comercial, emprendedores, profesionales del entretenimiento, desarrollo o artistas.

Cortical derecho: estratega		
Comportamientos	**Procesos**	**Competencias**
Original	Conceptualización	Creación
Humor	Síntesis	Innovación
Gusto por el riesgo	Globalización	Espíritu de empresa
Espacial	Imaginación	Artista
Simultáneo	Intuición	Investigación
Le gustan las discusiones	Visualización	Visión de futuro
Futurista	Actúa por asociaciones	
Salta de un tema a otro	Integra por imágenes y metáforas	
Discurso brillante		
Independiente		

Fuente: Chalvin, M.J. (2003).

La idea es que tengas aquí un resumen de las teorías de Herrmann, y no quiero profundizar más en ellas. Sólo destacar un punto muy importante. La mayoría de las personas tenemos dos dominancias, lo que sin duda facilita la comunicación y podría explicar por qué algunas parecen tan contradictorias. La mayoría de la doble dominancia se da dentro del mismo hemisferio, pero en bastantes casos no es así. De esta manera no debería extrañarnos encontrar a técnicos que comunican bien o a comunicadores que se les da bien organizar los procesos.

Todo modelo es una reducción de la realidad, aunque *el modelo de Herrmann* nos permite matizar y entender las situaciones que se dan entre personas y en las organizaciones.

Capítulo quinto

Incomprensiones mutuas

En mi experiencia como tutor (o *coaching*), me encuentro con situaciones que no son fáciles de solucionar. Trabajo con mandos muy preparados, buenas personas que no pueden solucionar determinadas situaciones con sus interlocutores: colaboradores, jefes o proveedores. Les parece insuperable. Al trabajar varios años en la misma organización, no es extraño que yo conozca al interlocutor al que se refieren. En muchas ocasiones, si ese interlocutor es un buen profesional y buena persona, no deberían existir esos cortocircuitos entre ambos, pero, en la realidad, se dan y suelen producir rechazos mutuos. Con la edad, descubres «el poder mágico de la máquina de café» y sueles arreglar estos problemas a base de tolerancia y mano izquierda. Tolerancia con el otro y contigo mismo, claro. Pero me costaba explicar esta especie de incompatibilidad que en a veces había llegado a enemistades manifiestas con el desgaste de energía y el riesgo para la salud y el trabajo que ello comporta. Al leer el libro de Marie Joseph Chalvin y ver su capítulo dedicado a las incomprensiones mutuas, fue como estamparme contra un cristal. Allí estaban las claves para entender ese tipo de problemas. Me parece muy interesante traerlo al neuromanagement porque explica algunas situaciones y matiza algunas técnicas de RR.HH. Chalvin lo aplica a la escuela[37] en las relaciones entre profesores y alumnos.

---

37 CHALVIN, M. J. (2003), pp. 92–95.

Donde pone «profesor» he puesto jefe y donde pone «alumno» lo he sustituido por colaborador. Luego he realizado unas pocas entrevistas que han corroborado que las personas viven estas incomprensiones mutuas. De hecho, fueron unas entrevistas muy divertidas en las que todo el mundo se reconocía y parecía responder al mismo esquema. Algunos de ellos preguntaban: «¿conoces a mi jefe?» o «¿conoces a fulanito?»

Así que creo que el cerebro tiene diversos lenguajes y, efectivamente, algunos se entienden entre ellos peor que otros.

Las incomprensiones se dan entre las diagonales del *modelo de Herrmann* y son cuatro:
- Jefe experto y colaborador comunicador.
- Jefe estratega y colaborador organizador.
- Jefe comunicador y colaborador experto.
- Jefe organizador y colaborador estratega.

Cada columna recoge lo que uno opina del otro.

Jefe / Experto	
	Colaborador / Comunicador

Jefe / Experto Cortical Izquierdo	Colaborador / Comunicador Límbico derecho
Lo hace a propósito	Es demasiado duro
No quiere profundizar	No entiendo nada de lo que dice
Es demasiado afectivo	No puedo preguntarle
Siempre está añadiendo cosas	Se ríe de mí
No es lógico, ni racional	Sólo se fija en mis defectos
Es muy tozudo	No le puedo seguir
Es simpático pero poco más	Está todo el rato trabajando
Pasa el tiempo charlando	No entiendo lo que escribe
No escucha	¿Qué me ha dicho?
Le tengo que repetir todo cuatro veces	

Fuente: Marie Joseph Chalvin

El jefe ve a un colaborador repleto de vicios. Se dedica a vivir bien. A veces le cataloga como «un vago» porque se dedica a cosas que para él no son trabajo. Además, no reacciona a sus intentos de mejora, ya que, por desgracia, tendemos a mandar como nos gusta que nos manden y a un experto sólo hay que darle la orden una vez y es suficiente. Si el problema tiene una solución, la encontrará. Le motiva la técnica y eso es lo que hará con su colaborador. Perdón por la repetición: tendemos a controlar como nos gusta que nos controlen, y al experto no le gusta que le controlen. Sabe cómo hacer las cosas, así que tiende a ver todo tipo de control como una intromisión y, por lo tanto, lo evita. Al comunicador le gusta dudar para profundizar, de modo que, cuando el jefe le ve pensando mientras recibe una orden, tiende a pensar que tiene reservas y que no quiere realizarla. Muchas veces el jefe experto tiende a ver al colaborador comunicador como un rebelde o un *hippie* poco dispuesto a obedecer. El estilo de pensamiento del jefe es lineal o convergente mientras que el del colaborador es lateral o divergente. De esta manera, cuando el colaborador le hace preguntas para entender mejor el trabajo, al jefe le suenan a chino o a tomadura de pelo. ¿Qué tiene que ver eso que le pregunta con la orden que le acaba de dar? Y además, mientras para el experto la técnica es una y sólo una, su colaborador comunicador no puede evitarse preguntar: «¿Habrá otra forma de hacer las cosas?» Para no seguir dando más detalles, sólo resaltar que la velocidad de pensamiento del colaborador es mucho más rápida que la de su jefe. Es posible que su colaborador le haga un comentario favorable y su jefe caiga en la cuenta tres horas más tarde.

El colaborador comunicador quiere comunicar y que las órdenes sean un diálogo en el que pueda comentar sus ocurrencias. Está deseando formarse, aprender, es un curioso. Se encuentra con alguien que ordena y manda. Se le ocurren muchas alternativas en cada paso que tiene el trabajo que le mandan. Si no puede comentarlas, se va a quedar con un montón de dudas que necesita comentar. Si no lo hace con su jefe, lo hará con otros (incluso con el cliente), algo que puede molestar mucho a su jefe. Sabe que su jefe le está evaluando, y si casi siempre se encuentra con un juicio desfavorable, no es raro que le haga caer en una baja autoestima. En algunos casos se recurre a la mentira (sobre todo si el jefe es un colérico) «en defensa propia». El jefe tiene una imagen de gran trabajador y su colaborador puede parecer como un vago. Son dos estilos muy diferentes de trabajo y ambos, no lo olvidemos, pueden dar excelentes resultados.

	Jefe / Estratega
Colaborador / Organizador	

Colaborador / Organizador Límbico Izquierdo	Jefe / Estratega Cortical derecho
Está loco	
Siempre está en las nubes	Toma nota de todo
No acaba nunca	Es maniático y perfeccionista
De dónde saca algunas de las cosas que dice	No es nada creativo
	Desperdicio mis ideas con él
Propone chorradas	Es listo para buscar defectos
Me agota	Es muy organizado pero no me sigue
No he visto nada igual	Analiza muy bien pero no se le ocurre una sola idea
No comprendo la mitad de las cosas que dice	
Será creativo pero tiene poco de jefe	

Fuente: Chalvin, M.J. (2003).

Ésta es una combinación curiosa. A veces la he observado cuando el jefe tiene una cierta edad y su colaborador es un joven recién licenciado. El jefe anda pensando en cosas de futuro muy conceptuales y el colaborador quiere aplicar un flujograma en su ordenador. El jefe quiere filosofar en torno a un café y su colaborador hacer una simulación en su portátil.

Para su colaborador el jefe está un poco *gagá*. Le viene con historias para no dormir. Le parecen filosofías extrañas. Sus planteamientos son demasiado abstractos y complicados. En cuanto se lee un libro, ya se le ocurren ideas raras. Habla desde un plano distinto. Su jefe hace elaboraciones demasiado pensadas. Tiende a «perdonarle la vida», su jefe es así... como el fútbol, mientras no le moleste para trabajar. No le ayuda con sus planteamientos. Él está más pegado a la realidad.

Su jefe, por el contrario, le considera un burócrata con poca imaginación. Sólo sabe aplicar el manual y es incapaz de parase a pensar. No se desarrollará porque no tiene imaginación. Se limita a repetir esquemas. Es bueno para producir pero no para mejorar e innovar. Es bueno aplicando pero no podemos contar con él para que se nos ocurran ideas nuevas. Además, le nota la cara de desprecio que pone cuando se sienta a reflexionar con él.

Se encuentran en dos dimensiones. El jefe en el futuro y el colaborador en el pasado. ¿Sabrán encontrarse? Recuerdo una anécdota, leída vaya usted a saber dónde, de un Consejero Delegado que se quejaba ante sus gerentes: «No son ustedes nada creativos. Todos son jóvenes, tienen carreras, deben de ser más rompedores en sus planteamientos. Son demasiado clásicos». Todos aguantaban el chaparrón, incluido su hijo. Se dirigió a éste diciendo: «¿Y tú qué opinas?» Y su hijo le respondió: «Tú puedes correr el riesgo de ser creativo porque tú ya has llegado». Es cierto que las organizaciones también seleccionan los tipos de cerebro que quieren tener. Forma parte de la cultura organizacional. Pero no nos desviemos del tema y volvamos a las incomprensiones mutuas.

Colaborador / Experto	
	Jefe / Comunicador

Jefe / Comunicador Límbico derecho	Colaborador / Experto Cortical izquierdo
No piensa más que en la producción	Ya me está contando su vida
No le preocupan las personas	Cuándo irá directo al grano
Pasa del cliente	Es muy susceptible
No trabaja en equipo	Se pasa de amable
No saca nada de las historias que le cuento	No hace más que perder el tiempo
Si me confundo, me desprecia	No soporto sus batallitas
	Es un ilógico
No comete nunca errores porque nunca arriesga nada	Ése no es el problema
	Eso que dice está por demostrar

Fuente: Chalvin, M.J. (2003).

Esta situación es corriente. Una de las habilidades del mando es su capacidad de comunicación. Así que cuanto más alto es el puesto de trabajo, es habitual que el mando tenga a su cargo expertos que son más técnicos que él (o ella, claro). Pero tienen una visión más estrecha que su jefe: la técnica es el único criterio para juzgar el trabajo. Su jefe tiene que vérselas con otros «criterios»: económico, de su jefe, legal, político,... El comunicador llega a la conclusión de que su colaborador es un «cabeza cuadrada» y no acaba de madurar. Además, le mete en conflictos con otras partes de la empresa porque se empeña en cumplir con la técnica a pies juntillas. Le falta mano izquierda y es su jefe el que se dedica a tranquilizar a otros departamentos. Su jefe trata de que los trabajos se hagan en equipo, pero su colaborador es individualista o se conforma con esa frase tan torpe de que si todos hiciéramos nuestro trabajo, todo saldría bien, obviando la existencia de objetivos que necesitan de la negociación y la cooperación. En ocasiones la situación se complica porque el jefe es hipersensible al trato que reciben las personas, también si son clientes, y su colaborador cree que la amabilidad es un plus que no está dispuesto a regalar. Hay veces que técnicos muy buenos han sido despedidos por el trato que daban a todo el mundo. No han superado la fase de que cumplir es suficiente y que un trato amable y cercano forma parte del trabajo.

Por su parte, el colaborador se encuentra menospreciado por un jefe que valora más las habilidades blandas. No sabe de técnicas, sólo de metáforas: «Si me vuelve a contar lo de la rana o lo del queso, vomito». No me entiende, le planteo problemas técnicos y me dice que no sé quién se ha quejado porque yo hacía mi trabajo. Puede ser que entienda que los problemas humanos son también técnicos. En este sentido, el liderazgo situacional nos viene como un guante para introducir en el factor humano a técnicos que (para su desgracia) han sido nombrados jefes. Pero éste es un tema que trataremos al final del libro.

No olvidemos que el tema de la doble velocidad cerebral y el tipo de pensamiento siguen complicando la existencia a este tipo de jefe y colaborador. El colaborador es cortical, es más lento, pero sus teorías e ideas son muy elaboradas. Ha estudiado mucho los temas, por lo que es muy difícil desmontarle sus ideas. Es más fácil usar un argumento de autoridad o mando que cualquier otro razonamiento para hacerle ceder (no cambiar de opinión, que eso es más complicado). El colaborador puede mostrarse muy cabezota. Por lo demás, el pensamiento es convergente. Se centrará en un tema y es capaz de sufrir algo parecido a la «visión de túnel». Sólo ve el tema del que quiere discutir, el resto no existe o no lo ve. Contra un jefe que es más rápido pero menos profundo, no va a ser capaz de rebatirle técnicamente. La perspectiva del jefe es más amplia y observa consecuencias que su colaborador va a tener dificultades para vincularlas a su trabajo.

	Colaborador / Estratega
Jefe / Organizador	

Jefe / Organizador Límbico izquierdo	Colaborador / Estratega Cortical derecho
No se concentra No me sigue Hace unas preguntas rarísimas No hay por dónde cogerlo No trabaja No es serio No lo conseguirá nunca Siempre está haciendo chistes	Es un pesado Siempre con lo mismo Lo repite todo veinte veces Parece un disco rallado No ve más allá del trabajo Sería mejor trabajar con un robot Mientras repite, puedo pensar en otra cosa, que ni se entera

Fuente: Chalvin, M.J. (2003).

Imaginemos la situación: un jefe burócrata y un empleado cuya preocupación es cómo será el trabajo dentro de cinco años. En este caso, es el jefe el que se queda en el pasado y el colaborador el que se va al futuro.

Para el jefe, su colaborador está en las nubes. Se preocupa por algo que no tiene importancia y el respeto a las normas brilla por su ausencia. No se centra. Es bueno escucharle porque prevé situaciones que a él ni se le habrían pasado por la cabeza. Pero hay que estar demasiado atento para entenderle. Se toma todo a cachondeo, incluso en momentos muy inoportunos (léase con el cliente delante); o peor, con mi jefe delante. ¡Que le eduquen sus padres! El jefe tiene pánico a la capacidad de dispersión de su colaborador.

El colaborador se enfrenta a su jefe y a todos los reglamentos de la empresa. Funciona a golpe de manual de procedimientos. Nunca se sale ni un milímetro, y así no hay quien trabaje con eficacia. Me toma por tonto porque me repite todo veinte veces. Menos mal que no le hago ni caso. Es frustrante presentarle las ideas varias veces hasta que se enfada. Podemos colaborar cuando mi idea no está tipificada como delito en algún reglamento.

Espero que estas situaciones le suenen. Prefiero tratarlas con sentido del humor a ponernos demasiado serios, pero hemos de ser conscientes de que las consecuencias para el trabajo son duras. En vez de canalizar nuestras energías en sacar el trabajo adelante, las dispersamos en batallas estériles entre jefes y colaboradores, como hablar mal los unos de los otros porque no somos capaces de entendernos.

Otra dimensión del problema de las incomprensiones es la falta de colaboración entre departamentos, en especial cuando los equipos son demasiado homogéneos. De este tema ya comentó Karl Albrecht en su libro sobre *Servicio al cliente interno*[38]. Tiene un capítulo sobre cada departamento de las empresas, qué opinan los otros departamentos y cómo podrían mejorar. Sólo con ver las descripciones, podríamos señalar qué tipo de dominancia cerebral es la del departamento: Finanzas-experto, Administración-organizador, RR.HH.-comunicador, *Marketing*-estratega, por poner cuatro ejemplos. Aquí nos encontramos con el tema del estereotipo, hasta qué punto responde la dominancia a una necesidad del trabajo o a una imagen. Como en todos los modelos, las personas de manera individual no nos veremos reflejados en ellos, aunque nos parezcamos.

¿Hay forma de salir de estas incomprensiones mutuas? Creo que la edad te da cierta flexibilidad o paciencia con la forma de ser del otro, pero este «método» nos lleva mucho tiempo, así que habrá que probar otras fórmulas. Mucha gente habla de las incomprensiones como malentendidos: es decir, temas que al hablar de ellos se suelen aclarar. En algunos casos es posible, pero en otros la diferencia es de percepción y de atribución. Interpreto mal las señales que me envían mis incomprendidos. Les atribuyo una intención distinta de la que tienen sus emisiones. Será en este campo en el que debemos trabajar. Veamos varios supuestos diálogos, en paréntesis lo que piensan.

---

38 ALBRECHT, K.(1992): *Servicio al cliente interno*, Barcelona: Editorial Paidós.

Jefe experto	Colaborador comunicador
Tienes que usar el proceso A/33	¿No puedo usar el B/33?
(Lo dice por complicarme la vida)	Creo que se puede usar
El B/33 te obliga a tomar una serie de datos que no tenemos	¡Ah!, es verdad

Jefe estratega	Colaborador organizador
	Sólo hice mi trabajo, no sé de qué se quejan
(Ya empezamos a no tener en cuenta a nadie) Se han quejado de que no avisaste, apareciste de improviso y ellos estaban muy liados. (No hay ninguna norma escrita sobre dar un aviso)	Avisar o no es una cortesía que depende de mí. Yo también ando muy liado.
¿Qué te parece si antes de intervenir les envías un correo electrónico la semana anterior? Puedes hacerlo sistemáticamente.	Bueno, sabiéndolo de antemano, espero que no dé más problemas.

Se trata de no reaccionar en nuestra clave cuando la otra persona nos dice algo que no entendemos. Al revés, hay que tratar de «hablar» el otro idioma cerebral. En el primer caso, el colaborador comunicador necesita descartar otras posibilidades para encontrarse seguro. En el segundo caso, aquello que no esté protocolarizado (que palabra más fea) no entra en su trabajo. Una vez integrado en su rutina, no habrá problemas. Si algo nos enseña el *neuromanagement,* es que el jefe tiene que hablar todos los idiomas cerebrales. Es la pieza más flexible.

Uno de los mensajes que recibirá a lo largo del libro es que, para provocar cambios en los otros, es necesario cambiar primero uno mismo. No podemos aminorar las incomprensiones mutuas si no cambio las atribuciones que estoy haciendo. «Si siempre hago lo mismo, siempre obtengo lo mismo», reza una frase conocida. En este caso, desde la perspectiva del *neuromanagement* habría que añadir que si siempre hago lo mismo, dejo grabado en mi cerebro una rutina para no cambiar. Esa rutina cada vez estará mejor grabada y será más rápida e inconsciente (quizá debí escribir automática). Pero recuerda: ningún cambio en el otro si yo no estoy dispuesto a cambiar.

A continuación tiene un soporte que espero te ayude a superar esas situaciones de incomprensión mutua. No lo hacen adrede, es que son así.

Soporte sobre incomprensiones mutuas

- Debe tener su dominancia cerebral identificada
- Busque incomprensiones mutuas y piense en situaciones laborales (o familiares) en las que han aparecido y entorpecido la relación.
- Identifique momentos significativos de acciones que les resultaron molestos o dolorosos y busque nuevas atribuciones.

Mi dominancia cerebral es:

Tengo incomprensiones con:

Momento significativo (*)	Nuevas atribuciones

(*) Son momentos en los que interpretamos el lenguaje o la acción de un colaborador, pero no sabemos lo que hace o dice. Estamos dando nuestra opinión sin tener en cuenta su intención.

Capítulo sexto

¿Cómo afecta a algunas técnicas de RR.HH.?
Neuromanagement (2ª parte)

Hemos tratado algunos temas sobre el cerebro que ya han encontrado su traducción al *management*. Son temas más cotidianos, más cara a cara. Ahora vamos a aplicar la perspectiva neuro a otros temas de *management* que son más globales, más de RR.HH. Puede extrañar el primer tema seleccionado, que es el liderazgo. No sé muy bien si ponerlo al final del apartado tres o al principio del seis. Al final, como podrás comprobar, ha ganado esta segunda opción, porque creo que vamos a reflexionar sobre modelos de liderazgo. También es cierto que vamos a cerrar el liderazgo con una reflexión sobre un fenómeno que sucede todos los días en los equipos. Como verás, no tengo un criterio único sobre dónde poner este tema, así que apelo a tu indulgencia y vamos a tratarlo de inmediato.

1.Tipos de liderazgo

Salto de un problema a otro. ¿De qué hablamos cuando utilizamos la palabra «liderazgo»? La situación actual es compleja: equipos con jefes nombrados de palabra; jefes que mandan a equipos que no son de su empresa pero que trabajan en ellos; jefes de equipos transversales que, en el mejor de los casos, no quieren obstaculizar el trabajo común; jefes cuyos equipos están desparramados por todo el planeta con distintos usos horarios y no se ven más que una vez cada dos años; profesionales (incluso personas) que no tienen que mandar a nadie y tienen que ejercer liderazgo y autoliderazgo para que su trabajo salga adelante; incluso a veces hay jefes nombrados oficialmente que mandan sobre equipos estables que admiten su autoridad. Mucha variedad. Pero cada jefe tiene que mandar, controlar, motivar, escuchar, hacer participar, rectificar, evaluar,... y no necesariamente por ese orden. Cómo va a ejercer el mando un jefe, eso es liderazgo. No le demos más vueltas (por lo menos no aquí).

Un mensaje constante del libro es que debemos mandar con los dos hemisferios. Es cierto que la dominancia cerebral hará que desde uno de ellos nos encontremos cómodos y eficaces y desde el otro incómodos, y un poco infantilizados (como al hablar en un idioma que no conocemos bien). Supongo que no podemos esperar mejoras espectaculares en el hemisferio que no dominamos pero sí algún tipo de mejora. No se trata de ser muy bueno con el otro hemisferio, sino más bien de entender a los colaboradores que son de esa dominancia, saber cómo plantearles los trabajos y cómo ayudarles para que no cometan errores. Como jefe, desde el punto de vista del *neuromanagement*, supongo que es más fácil mandar a alguien de una dominancia distinta a la nuestra siempre que sepamos ser tolerantes, incluso disfrutar con la diferencia. Cuando mando sobre alguien de mi misma dominancia cerebral, mis aportaciones serán menores porque a mi colaborador se le habrá ocurrido lo mismo que a mí con respecto a dónde tener cuidado o cómo puedo hacer el trabajo. Pero sé que en la vida de las organizaciones la queja es la falta de entendimiento entre jefes y colaboradores y viceversa.

Mandar sobre alguien que percibe lo que sucede desde mi misma dominancia cerebral parece más fácil. No deberíamos olvidar que el cerebro reacciona mal a lo que es distinto y a lo nuevo. Cuando digo mal, me refiero a que al sistema límbico «con las amígdalas a la cabeza» le es inyectada una dosis de adrenalina absolutamente innecesaria si mi colaborador es de otra dominancia cerebral. Con la edad, al menos en el caso de algunos entrevistados y según mi experiencia, podemos aprender a parar o suspender esa reacción y esperar a ver qué pasa, y en muchos casos con experiencias muy agradables donde el resultado ha sido muy superior a las expectativas (en la última parte del liderazgo veremos si la experiencia es siempre agradable).

Como líder o mando, debo dejar manejar cuatro lenguajes cerebrales o no seré eficaz, ni justo tampoco. No me ajusto al modelo de Herrmann porque me parece que a veces encorseta demasiado las consecuencias. Prefiero hablar en términos de velocidad alta (circuitos límbicos), velocidad lenta (circuitos corticales), hemisferio izquierdo y hemisferio derecho.

Con la velocidad alta, hago referencia a la intuición, a tomar decisiones sin tiempo y con pocos datos, a diferenciar lo importante de lo que no lo es, a decidir un ataque o una retirada a tiempo, a prever las reacciones de los otros, establecer lazos de confianza con alguien al que apenas conozco, a desconfiar de una situación en apariencia correcta.

Con la velocidad lenta, quiero decir tomarme tiempo para pensar, meditar, relajarme, suspender un ataque, no reaccionar ante una provocación, dedicar tiempo a analizar una situación, suspender un juicio e ir despacio («de espacio», que diría Baltasar Gracián[39]), prever qué puede suceder en el futuro ante una decisión nuestra.

---

39 N.A: Puedes leer de Baltasar Gracián *El arte de la prudencia* y, si te ves con fuerzas, *El criticón*. Las versiones en el castellano de la época se pueden hacer duras. En cualquier caso, descubrirás la magia del lenguaje y la sabiduría del genio. Por cierto, léelos desde el hemisferio derecho y disfrutarás mucho más.

Con respecto a los hemisferios, podemos profundizar más.

Desde una dominancia del hemisferio izquierdo, tendemos a mandar de manera más estructurada. No me quiero repetir mucho con respecto a temas que ya se han visto (v.gr, delegación o mandar), así que daré una visión más general. Se puede ser un buen jefe desde el hemisferio izquierdo, claro que sí. Seremos serios, técnicos, normativos, lógicos, concretos en nuestros planteamientos, centrados en el trabajo, buenos planificadores, sabremos buscar caminos para encontrar los objetivos, nos moveremos bien con las cuentas. Ésa es la parte eficaz, pero también tendremos una serie de defectos en los que caeremos. Podemos ser jefes demasiado autoritarios, hacer referencia a los galones cuando se nos acaben los argumentos, podremos ser muy buenos polemizando y estar equivocados, si bien razonamos técnicamente bien. En muchos casos seremos distantes, fríos, demasiado racionales, y no sabremos reaccionar ante las pruebas de afecto de nuestros jefes y compañeros. Nuestro peor problema es caer en el autoritarismo, aplicando el miedo como moneda de cambio. Recuerde esa «maquiavélica» frase tan escuchada a algunos jefes: «Ya que no me aman, que me teman». Sólo conseguiremos paralizar a nuestros colaboradores y reducirlos a simples ejecutores de órdenes, desinteresándonos por ellos como seres inteligentes. Pero confiemos en que no caigamos en esa situación, incluso cuando nuestro jefe sí haya sucumbido y nos exija el mismo trato para nuestros colaboradores. Recuerda que el miedo activa la parte límbica de nuestro cerebro y lo que tenemos más que los animales es el neocórtex y con éste podemos encontrar más y mejores soluciones.

Desde el hemisferio derecho, la perspectiva es otra. Claro que podemos ser buenos jefes. Nuestro estilo de mando se basará más en la comunicación y la motivación. Somos capaces de ver más allá de un año y de pensar sobre la esencia de nuestro trabajo. Las personas se nos dan bien y podremos leer cómo se encuentra nuestro equipo, si está cansado o en desacuerdo.

Damos mucha importancia al aprendizaje. Las personas deben saber cada vez más, estar más preparadas. La edad nos parece una excusa. Somos capaces de establecer puentes entre las diversas partes de la empresa o fuera de ella con clientes y colegas (incluso con proveedores). Nos gusta que nuestra gente participe en aquello que hace, que sepan cuál es su aportación, amén de estar dispuestos a mostrarnos siempre receptivos a las sorpresas. Nos preocupan como profesionales y también como personas. Nuestro peor defecto: la desaparición y la paralización. Nos ensimismamos y somos capaces de desaparecer en medio de una tormenta. También podemos quedarnos de una pieza ante un ataque. Nos paralizamos, no sabemos qué decir, ni cómo responder ante un ataque. El conflicto nos es bastante ajeno cuando no se hace bajo control. Las cosas y palabras que se nos ocurren son tan radicales que nos callamos ante la perspectiva de montar algo que se nos escape de las manos.

Pero estos dos modelos no son nuevos. El mando centrado en tarea y el mando centrado en relación son un descubrimiento de Blake y Mouton y su parrilla gerencial. Aquí la traemos desde una perspectiva más fisiológica. Creo que en gran medida el mando centrado en tarea coincide con la dominancia izquierda y el mando centrado en relaciones con la dominancia del hemisferio derecho. Podemos reproducir una parrilla gerencial desde el punto de vista de la dominancia cerebral.

+ Hemisferio izquierdo	Detallista	Potente con la técnica
	Técnico	Cuidadoso con las personas
- Hemisferio izquierdo	Dejar hacer	Visión holística
	Dejar pasar	Centrado en lo humano
	- Hemisferio derecho	+ Hemisferio derecho

Cerremos esta reflexión del *neuromanagement* y el liderazgo con algo que he llamado «el difícil viaje al futuro». Debajo de esta expresión tan poética hago referencia a una situación que vemos muchas veces y que en casi todas las entrevistas aparecía de manera inconsciente. ¿Qué le sucede al mando cuando su equipo es muy bueno? Imaginaos que mandáis sobre cinco personas y todas son técnicamente muy preparadas y están motivadas. Obtienen resultados más allá de sus objetivos y se encuentran bien en la empresa. ¿Qué te sucede a ti como jefe? Cuando lo pregunto en mi clase. Suele haber un cierto momento de silencio. Algunos abren la boca y levantan las cejas como si jamás se le pasara por la imaginación la posibilidad de encontrarse con un equipo así. Después comienzan las respuestas: «Que me echan a la calle», «Que no sabría qué hacer», «Que me quitarían a los del equipo y me dejarían con los peores», «Que yo sobro»,... Aunque pienso que son respuestas sinceras, no son correctas. En la mayoría de los casos, cuando un equipo es muy potente el jefe se asusta. Las cosas van bien, comienza a delegar, potencia a sus colaboradores y entonces comienza una fase clave que muchos jefes no soportan. Veamos un ejemplo. Si en mi consultora, a fecha de hoy, todo el mundo supiera qué cursos va a dar y los manuales, ejercicios y transparencias estuvieran preparados, los calendarios repartidos,... ¿cuál sería mi preocupación? Supongo que pensar sobre el servicio qué estamos dando, qué podríamos mejorar, qué nuevos servicios podríamos lanzar, qué sucederá el año que viene o dentro de seis meses. Ésa es mi preocupación. Comienzo a pensar qué hacer en el futuro. Me mandan al futuro. No obstante, eso no es ningún sitio físico. Si soy un hemisferio derecho, me encontraré bien porque me gusta filosofar y pensar en el vacío, pero a los hemisferios izquierdos el futuro les parece un sitio demasiado abstracto en el que no se encuentran nada cómodos. Allí viene una mala reacción. El jefe se pone a dar órdenes, a guardarse información, a cerrar los canales de participación y de comunicación. De manera que reduce el nivel de eficacia de su equipo para poder encontrarse seguro, en el presente, con problemas que sabe manejar. Para hacer un viaje al futuro gracias a la madurez y autonomía de su equipo, un jefe necesita mucha seguridad en sí mismo y algo de ayuda de su cerebro.

Lo contrario también es cierto. Un equipo que no funciona manda a su jefe al pasado, a hacer actividades que hace años no hacía. Pero en ocasiones es un territorio en el que los jefes se encuentran más seguros. Eso lo saben hacer. Un equipo de personas con poca experiencia hace que su mando retroceda en el tiempo. Si al mando le gusta enseñar y formar, sus miembros han tenido suerte y poco a poco irán tomando más seguridad en sí mismos. El jefe se dedicará «a su trabajo», sus asuntos pendientes. Pero cuando se ponga al día (lo que no siempre es fácil), comenzará a sentir que le empujan hacia adelante: qué haremos la siguiente campaña, cómo abordar a este tipo de clientes…, y allí ya veremos qué pasa.

2. *La evaluación de desempeño*

La evaluación de desempeño es una de las técnicas llamadas duras. Consiste en seleccionar una serie de factores o criterios que describen un comportamiento. Cada criterio tiene cuatro grados (en general): poco, algo, bien y muy bien. Vienen acompañados de una descripción muy útil a la hora de saber cómo evaluar a nuestros colaboradores. La evaluación la hace el jefe y debe llegar a un acuerdo con su colaborador. A partir de aquí, deberían seleccionar algunos de esos factores y tratar de mejorarlos de cara al año que viene. Deben sentarse tres veces al año (sí, ya se que son muchas, pero si no lo hace, la herramienta no vale para nada) para estudiar la evolución de los factores. Que yo conozca, son pocos los que lo hacen y, por desgracia, la evaluación de desempeño se convierte en un rito más, una obligación más que se les ha ocurrido a los chicos de RR.HH. (en fin, ya sabéis cómo son). En muchas organizaciones esta herramienta tiene repercusiones económicas con lo que acaba todo el mundo enfadado, si las cantidad en juego son pequeñas casi peor. Otras veces se utilizan para temas de formación. En ocasiones hacen que tenga la forma de *la campana de Gaüs* para evitar agravios comparativos entre distintas secciones. Cuando todos son buenos, la discriminación se hace complicada. Muchos jefes ponen una evaluación muy alta para evitarse problemas. Lo curioso es que tres meses más tarde van a RR.HH. y dicen: «Echa a este tío, no lo aguanto», lo que se convierte en una de las disputas clásicas entre RR.HH. y el resto de la empresa. La idea de la herramienta es buena. Midamos algunos factores y centrémonos en su mejora. Como decía el maestro Drucker: «Sólo se puede mejorar aquello que podemos medir» (no hay que estar en todo de acuerdo con los maestros, aunque sean de los buenos). Lo bueno de la herramienta es que jefe y colaborador pueden sentarse y charlar tranquilamente sobre cómo se está haciendo el trabajo y cómo puede mejorar y qué tipo de ayudas se necesitan. Lo malo es que muchos lo hacen en cinco minutos y lo convierten en un trámite administrativo sin mucho sentido.

Estaréis conmigo en que esta herramienta se inventó desde el hemisferio izquierdo. Factores, grados, firma,... todo reglamentado. Pero uno de los problemas es que quiere tratar temas humanos que no son problemas técnicos, ni tienen su misma forma de razonar por más que nos empeñemos en copiarlos.

Desde el punto de vista del *neuromanagement*, ¿qué papel juegan las dominancias cerebrales en esta herramienta? Me temo que mucho y que, además, los actores no son conscientes. Hay dos temas clave: las incomprensiones mutuas y el tema del seguimiento. Veamos cada uno de ellos. En el caso de las incomprensiones mutuas, el tema puede ser grave, sobre todo si ambos no tienen la suficiente madurez para romper el círculo de las atribuciones que ya hemos descrito. Algunas personas me comentan que no saben cómo evaluar a alguien de su equipo porque no le entiende. Saben que pasa algo pero no el qué. En muchos estos casos, la evaluación de desempeño se convierte en un acta de desencuentro, después tiene que intervenir el jefe del jefe que, en un acto salomónico, suele hacer reparto de puntos. Alguno de estos factores hace hincapié en la obediencia y en la sujeción a las normas. Lo que en el caso de las incompatibilidades es fatídico para el colaborador. Estas evaluaciones podrían incluir temas como qué aporta al equipo que no tenemos, en qué me complementa,... Creo que la evaluación puede cambiar de signo en el caso de las incomprensiones. Si no se supera esta fase de desencuentro, la evaluación de desempeño es una herramienta mal calibrada. Todos los temas y acusaciones que hemos visto en las incomprensiones mutuas dificultan sobremanera la evaluación de desempeño.

El caso del seguimiento también da problemas. Si son los dos del mismo hemisferio dominante no saben cómo ayudarse. Si se tratara de la *Ventana de Johary*, estarían ambos en el cuadrante ciego, que no es el mejor sitio para ayudarse. El seguimiento hay que evaluarlo desde el hemisferio izquierdo, que es el más comprometido en la fijación de lo aprendido, pero la mejora se debe hacer desde el derecho, que es el hemisferio más comprometido en el inicio del aprendizaje. Cómo se concreta esto en el caso del seguimiento de la evaluación de desempeño. El hemisferio izquierdo debe «traducir» los factores a indicadores observables. Si no lo hacemos, estamos perdidos. En algunos factores de desempeño se habla del esfuerzo, pero si no lo hacemos observable corremos, el error de confundir esfuerzo con resultados lo que no siempre es así. En una evaluación real figura «iniciativa» y se define como «el deseo de aceptar y ejercer responsabilidades y peticiones». Hay que dar un paso más y, desde el hemisferio izquierdo, concretar «iniciativa»: proyectos transversales en los que colabora, mejoras en su puesto y en su entorno de trabajo, sugerencias presentadas por escrito. En esta labor, es mejor el hemisferio izquierdo. Supongamos que han pasado tres meses desde la última evaluación y nos sentamos a comentar la evolución de nuestro colaborador. Trataremos de identificar los indicios, pero para profundizar en por qué no se avanza más, aquí la dominancia debe ser del hemisferio derecho: le gusta conversar y buscar nuevas posibilidades. Por lo tanto, como en muchas tareas, el mando debe manejar bien ambos hemisferios y utilizarlos en distintas fases.

Por otra parte, la evaluación de desempeño debemos complementarla con el intercambio de requerimientos. Recuerda: no podemos esperar cambios en los otros si no estamos dispuestos a cambiar antes nosotros. ¿Cuál va a ser mi contribución como mando que va a facilitar tu cambio? En el caso anterior del factor «iniciativa», podría ser que el mando hubiera rechazado las últimas propuestas de su colaborador sin pensárselo mucho, ni dar muchas explicaciones. El mando debe comprometerse a escuchar sus próximas propuestas con más atención. De no hacerlo así, no será posible la mejora en iniciativa.

Resumiendo: para que las evaluaciones de desempeño funcionen, debemos superar las incomprensiones mutuas y plantear indicios claros (gracias al hemisferio izquierdo) y hacer del seguimiento una oportunidad de microformación y compromiso por ambas partes.

3. Detección de necesidades de formación

Esta herramienta de RR.HH. quiere detectar qué formación es la más necesaria y útil para los colaboradores y las unidades de trabajo. Hay dos vías para hacerlo que son compatibles: tener una formación reglada y preguntar a los propios interesados. En el primer caso. tendremos unos itinerarios formativos para todo el mundo. En el segundo caso. una serie de cursos a impartir para la mejora del desempeño. Creo que lo mejor es compatibilizar ambas situaciones. Si una persona va a ser nombrada jefe, se le puede dar un curso de introducción al mando, y cuando lleve seis meses nombrado o un máximo de dos años, puede recibir un curso de técnicas de mando. Se trata de carreras formativas con un ritmo de formación, tratando de acertar con el «justo a tiempo» de cada curso. Pero esta técnica se puede combinar con una adaptación en la que las personas y las unidades de trabajo eligen la formación que les gustaría recibir.

En este segundo caso, se suele enviar un cuestionario o tener acceso a un menú de formación o enviar a alguien para que pregunte sobre las necesidades de formación. Éste es el caso que más me interesa (quizás porque lo he sufrido algunas veces). Cada vez más, te reciben como una ayuda, pero siguen persistiendo bolsas en las que la negativa es la primera respuesta: nosotros no necesitamos formación. En algunos casos, la negativa viene acompañada de cierta dosis de agresividad (v.gr, «Ya me gustaría verle aquí»). Sé que, cuando nos preguntan sobre nuestras necesidades de formación, algunos reaccionan como si hubieran sido atacados. Se les enciende el sistema límbico y atacan (v.gr, «Ya vienen a incordiar») o huyen (v.gr, «Estamos muy contentos con la formación que tenemos»). Hay que vender la detección de necesidades como una obligación de la empresa: cada vez tenemos que ser mejores profesionales. Dejar claro que todos podemos mejorar, por muy buenos que seamos. Esperar a que la parte cortical se pregunte en qué pueden mejorar. Pero hemos de ser conscientes de una limitación importante de este método: ¿cómo sabemos lo que no sabemos? En este caso, las distintas cualidades de los hemisferios deberían darnos pistas. Creo que es positivo completar la dominancia cerebral recibiendo formación sobre materias del otro hemisferio. Es decir, si soy dominancia derecha, me vienen muy bien los cursos sobre gestión del tiempo, organización, análisis de problemas y toma de decisiones... Si mi dominancia es la izquierda, mis cursos pueden ser: atención al cliente, comunicación, creatividad,...

Creo que la mejora tiene un límite. Si mi dominancia izquierda es muy potente, no van a hacer de mí un gran creativo, pero a poco que me aplique, se notará mucho. Existen técnicas de creatividad que se adaptan al hemisferio izquierdo y podemos llevarnos alguna sorpresa. Además, profundizando en las habilidades del otro hemisferio, podemos aprender a ser más tolerantes con sus ventajas e inconvenientes.

Una última reflexión que no sé si la habría de encuadrar en este apartado o del siguiente. Al seleccionar a los participantes en los cursos, no se empeñe en que los grupos sean homogéneos. Es una tortura para el monitor y dificulta mucho el aprendizaje. Un cliente mío durante una temporada traía a los asistentes a través, exclusivamente, de la evaluación de desempeño. Observé dos temas: se formaba un grupo homogéneo que intentaba convencerme de que la materia que iba a impartir era una chorrada (a mí, que comía de ello), que se reforzaban entre ellos y, luego, que alguno estaba claramente mal evaluado (lo que, afortunadamente, le convertía en mi aliado). De la mezcla aparece la inteligencia, de las distintas perspectivas aparece la riqueza. Si todos están de acuerdo, los debates no tienen ningún sentido. Pero no nos adelantemos.

4. Impartir formación

Existe un ciclo de aprendizaje que llama la atención.
    Inconscientemente Incompetente   (I.I.),
    Conscientemente Incompetente   (C.I.),
    Conscientemente Competente   (C.C.),
    Inconscientemente Competente   (I.C.),
y vuelta a empezar, obviamente desde un nivel mejor.

Este esquema me gusta, a pesar de que el término «incompetente» me parece un poco exagerado. Parto de una fase de equilibrio: me siento bien con mis conocimientos. Salgo vivo de los desafíos del trabajo. Pero algo me mete en la segunda fase. Puede ser que no logre mis objetivos, que me encuentre con problemas técnicos que no soy capaz de solucionar. Desde mi hemisferio izquierdo, se enciende una luz de alarma que me incomoda. También puede ser desde el hemisferio derecho. No me siento bien con determinadas partes de mi trabajo; o al reflexionar sobre mi trabajo en general, creo que me faltan cosas por aprender; o simplemente quiero aprender más porque soy curioso. En cualquier caso, tengo que pasar por una cierta fase de humildad: no sé, hay otros que saben más y pueden ayudarme, hay libros, cursos,... Sin humildad no hay aprendizaje. El que cree que sabe todo es incapaz de aprender nada. Algunos autores como Elkhonom Goldberg creen que es la curiosidad del hemisferio derecho la que tiene el protagonismo en las primeras fases del aprendizaje. A partir de aquí, insistimos una y otra vez para memorizar, es la tercera fase, la del esfuerzo y la repetición (conscientemente competente). Pero entonces el protagonismo pasa al hemisferio izquierdo que, por decirlo de alguna manera, ha automatizado el aprendizaje y somos capaces de repetirlo sin esfuerzo (inconscientemente competente). Aquí tenemos una posible explicación del ciclo desde el punto de vista del *neuromanagement*.

¿Qué es el aprendizaje desde el punto de vista del cerebro? Dejemos que nos lo explique Goldberg:

> «Cuando el organismo está expuesto a un nuevo patrón de señales procedente del mundo exterior, las intensidades de los contactos sinápticos (la facilidad para el paso de señales entre neuronas) y las propiedades bioquímicas y eléctricas se transforman poco a poco en complejas constelaciones dispersas. Esto supone aprendizaje tal y como hoy lo entendemos.»[40]

---

40 GOLDBERG, E. (2002): *El cerebro ejecutivo*, Barcelona: Editorial Crítica, p.44.

¡Qué poco romántico! Así que aprender significa abrir nuevos caminos en el cerebro, hacer nuevos «engramas» (o sea, los cambios que los pensamientos dejan en el cerebro y que, a base de repetir, dejan una huella que somos capaces de seguir sólo con la voluntad de hacerlo: la memoria). El engrama es el camino, el resultado cerebral del aprendizaje. Aunque no lo parezca, este tema sí está muy vinculado con los sentimientos. Ciertos sentimientos facilitan el aprendizaje y otros lo dificultan. En el caso de los niños los sentimientos deberían ser más espontáneos, pero los adultos decidimos el estado de ánimo al que vamos a un curso. ¿Somos conscientes de esto cuando asistimos a uno? A veces, comienzo los cursos reflexionando sobre el estado de ánimo con el que todos lo iniciamos, pero sé que es difícil para algunas personas comenzar el día hablando de algo, para ellos, tan esotérico.

Pero profundicemos en la pedagogía que necesita cada uno de los hemisferios. Para ello vuelvo a Marie Joseph Chalvin[41].

Puedo dar ejemplo de que las propuestas de Chalvin funcionan. Llevo bastantes años impartiendo formación en empresas. Muchos de mis alumnos son ingenieros y muchos tienen una clara dominancia cerebral izquierda. Mi primera pedagogía era provocativa (dentro de un orden). Las batallas campales en el aula eran fantásticas. Nos lo pasábamos bien y a muchos les removía sus ideas sobre cómo mandar. Me gané amigos con los que todavía me veo, y enemigos que siguen jurando en arameo cuando me ven. Hace años, y después de un largo proceso de reflexión, he cambiado radicalmente la forma de dar clase. Soy más cercano, más cariñoso y las diseño más siguiendo las bases que acabamos de ver sobre el hemisferio izquierdo. Bueno, si he cambiado o no, deberían decirlo mis alumnos (algunos me lo han dicho) porque todavía me queda un punto *'doctor House'* que es la pimienta del

---

41 CHALVIN, M.J. (2003), pp. 107-111.

Pedagogía para el hemisferio izquierdo

- Utilizar el manual
- Terminar el programa
- Proporcionar hechos
- Insistir en la teoría
- Dar definiciones precisas
- Dar referencias
- Dar esquemas abstractos
- Dar cifras y estadísticas
- Trabajar con informática
- Partir de la hipótesis, de la ley, para llegar a la experimentación
- Ir de lo más sencillo a lo más difícil para estimular su espíritu de competición
- Dar instrucciones estrictas
- Proporcionar documentos impecables
- Proponer objetivos a corto plazo bien definidos
- Hacer prototipos
- Darle tiempo a establecer relaciones con lo que ya conoce
- Ser respetuoso con su territorio

Y procurar que se abra a otras formas de pensar:
- Darle modelos para que aborde ejercicios nuevos
- Evaluar de manera que perciba sus progresos
- Resumirle las clases
- Enseñarle a ver las cosas en su globalidad

guiso. Otra de las razones por las que he cambiado ha sido que los participantes en mis clases son más jóvenes que yo, algo que antes era al revés y creo que no comprenden mis intenciones si me pongo peleón en medio de clase. Se quedan con el golpe y no les llega el mensaje. Así que, después de varios fracasos en clase y de una reflexión sobre cómo lo estaba haciendo, varié mi estilo a la hora de impartirlas. Se puede decir lo mismo de otra manera y se logran mejores resultados, justo lo que llevaba años diciendo a mis alumnos.

Si rompo algunas de las normas del cuadro anterior, sé que hay participantes en clase que se encuentran muy incómodos. El hecho de no dar todo el material les molesta, aunque expliques que el curso se redujo en horas o temas por el estilo. Si abordas los temas técnicos desde un primer esquema teórico, llegas mucho más lejos que si lo haces de una manera más desordenada (al menos con los participantes de dominancia izquierda). ¿Qué sucede con los de dominancia cerebral derecha? Veamos.

Si cree que es fácil dar clase a los de hemisferio derecho, es que no se ha enfrentado (ésa es la palabra exacta) a un grupo de comerciales que se van acelerando a lo largo de la jornada y amenazan con tomar el despacho del director a eso del mediodía. Es necesario resumir y destacar las conclusiones para que el curso no quede en una sensación o en una serie de nuevos datos dispersos flotando entre las neuronas.

Como señala Joseph Marie Chalvin, no estamos ante inteligencias distintas sino ante comportamientos y procesos preferidos: esto es, formas distintas de procesar y organizar la información. Fíjese que la autora habla de niños, pero apenas he tocado algunos términos y suprimido algunos consejos (como permitirles decorar los apuntes a su gusto con pinturas para dedos) para adaptarlo a la pedagogía de los adultos en el entorno de las empresas. No creo que las diferencias sean tantas, por lo menos al nivel de las dominancias de los hemisferios cerebrales. Otro tema sería el de los lóbulos frontales, pero habría que abordarlo con más calma.

Pedagogía para el hemisferio derecho

- Crear un ambiente cálido y acogedor
- Establecer un diálogo eficaz (no constante)
- Partir de su experiencia
- Realizar gestos eficaces
- Favorecer los trabajos en grupo
- Partir de imágenes personales hacia la abstracción
- Conceder funciones de representación y negociación
- Utilizar ejemplos concretos
- Favorecer la creatividad
- Utilizar el humor
- Proponer juegos de papeles
- Darle la posibilidad de hablar, de decir ideas incongruentes al margen de las lecciones
- Dejarle inventar

Y procurar que se abra a otras formas de pensar:

- Ordenar las ideas
- Pedirle que justifique sus respuestas
- Reconstruir el camino de pensamiento que le ha llevado a una respuesta espontánea
- Hacer que reconstruya el principio desde un final dado
- Darle confianza
- Enseñarle a hablar de sus emociones
- Actuar como el abogado del diablo
- Poner límites: normas, tiempo

Hay que tener en cuenta que tenemos ambas dominancias cerebrales mezcladas en clase, y es bueno que así suceda. Eso significa que debo cuidar el diseño pedagógico de manera que ambas dominancias tengan su espacio y se encuentren cómodas. Creo que un diseño razonable empezaría por sentar las bases y el modelo desde el que queremos trabajar y dando una imagen global de la materia y clarificando los objetivos. Es decir, hemisferio izquierdo. Se puede pasar a casos y profundizar en ellos hasta que el modelo quede claro. A partir de aquí, podemos debatir y pasar a las experiencias propias, también al juego de papeles en el que podemos cambiar nuestra respuesta, y dar cabida al hemisferio derecho para acabar ordenando y resumiendo las ideas desde el hemisferio izquierdo. Este esquema es una posibilidad. Está claro que el profesor puede diseñar el curso como quiera, siempre que piense en el beneficio de sus alumnos y permita a ambos hemisferios tener sitio en clase.

Vamos a terminar este apartado sobre cómo impartir clases desde el punto de vista del *neuromanagement* con una preocupación legítima de todos (casi todos) los actores de la formación en empresas: cómo llevar lo aprendido en el aula al puesto de trabajo. Las clases suelen durar un día, dos o tres como mucho, de ocho horas cada uno, lo que desde mi punto de vista es duro porque reciben demasiada información mientras una alarma en su cerebro les recuerda el trabajo que se les va acumulando en su mesa. El teléfono móvil es capaz de disparar el sistema límbico del más tranquilo. Prefiero que las clases duren cinco horas al día y se marchen por la tarde a trabajar, así evitarán esa tensión y, dicho sin demasiado cinismo, pueden aplicar lo que han visto en clase de inmediato. Para jugar limpio, diré que quiero seguir cobrando la misma tarifa que cuando estoy las ocho horas en clase. Pero lo importante es que en algún momento debo tener una hora u hora y media para sentarme a solas con el participante y ver cómo puede aplicar lo que hemos visto en clase a su trabajo (básicamente, para desmontarle sus barreras mentales sobre que lo visto en clase no tiene que ver con él/ella). Muchos colegas dicen que eso es *coaching*. Creo que eso es conversar tranquilamente, pues el *coaching* debe tener más carga de profundidad. En algunas ocasiones, hemos mantenido esas charlas durante las tardes del curso o una semana más después. En cualquier caso, creo que las posibilidades de aplicación aumentan mucho, y sobre todo las posibilidades de que se apliquen bien y sin malentendidos o aportaciones extrañas por parte de los que asisten a clase. Creo que la combinación de clase y entrevista facilita el hecho de llevar los conocimientos del aula al puesto de trabajo. Pero hablemos un poco de *coaching*.

5. *Tutoría o* coaching

Vamos a cerrar esta parte del libro con unas reflexiones de la tutoría desde el punto de vista del *neuromanagement*. Hablaré indistintamente de tutoría o *coaching*, como si fueran términos equivalentes. Y no me preocuparé de qué escuela es y en qué autores se basan. Dejo esas preocupaciones a mis amigos psicólogos, que están entrenados en esas batallas. En muchas empresas los programas de *coaching* forman parte de las herramientas de las direcciones de RR.HH. Hay un tutor y un tutorado que, a través de entrevistas, trabajan algunos aspectos de la forma de trabajar del segundo. Creo que es fundamental que el tutor esté bien formado en estos temas y me refiero a carreras universitarias, no a vocaciones tardías y forzosas. También creo que el alumno debe de sentir la necesidad de hacer algo con su vida profesional. Algunas empresas creen que «cuando está listo el profesor, aparece el alumno».

Creo que es importante destacar la necesidad de un entorno tranquilo para poder aplicar el *coaching*. Mensajes como «Es tu última oportunidad» a veces ayudan, pero no debe ser lo habitual.

Debemos tener en cuenta que cambio mi forma de trabajar desde el córtex y los lóbulos frontales, que paran mi respuesta automática. Si el sistema límbico se siente atacado, no voy a acceder a mis zonas capaces de dar respuestas más allá de las habituales. Así que hemos de practicar un *slow management* para que la tutoría funcione. Es un proceso que necesita su tiempo (tranquilo, no es eterno), pero debemos marcar ciclos.

Veamos cómo ejercer la tutoría desde la dominancia cerebral.

En el caso de una dominancia cerebral izquierda, me encuentro con un tutorado que está dispuesto a profundizar y ésa es su mejor baza, desde mi punto de vista. Normalmente, utilizo una herramienta (cuestionario, lista de chequeo, modelo...) para comenzar la tutoría. Sé que estas personas se encuentran cómodas con una herramienta de por medio. Luego comentamos los resultados y comienza la entrevista de *coaching* propiamente dicha. Si estamos en medio del proceso les pido que me hagan un pequeño informe de cómo les ha ido, qué han aplicado, qué ha funcionado, qué no ha funcionado,... A partir de aquí, repasamos lo que vimos y cómo lo han aplicado. Claro que hay devolución del lenguaje usado y de su postura corporal, pero eso ya lo hacían los griegos clásicos. Cuando algo sale mal, el hemisferio izquierdo busca las causas «técnicas» y hay que mostrarle que las causas pueden ser debidas al factor humano (incluso a las personas), abrirle el foco y tratar de que vea más piezas del *puzzle*. La disciplina de esta dominancia puede ser un factor clave en el cambio. No busque su creatividad (puede que no la tenga), encontrará su disciplina y normativa. Apoyarse en ambas es un acierto del tutor.

En el hemisferio derecho, las habilidades son otras. Existe una predisposición a curiosear, a aprender. Creo que ésa es su palanca de cambio. Es más disperso en las conversaciones, por lo que el *coach* debe estar atento a reconducir la conversación al tema que le interesa mejorar, es decir, al tutorado. Aunque suelo utilizar una herramienta, a veces empiezo por una historia (los cuentos sufíes y los *koan* japoneses son una fuente inagotable), y reflexionamos en torno a la historia. Una vez que hemos «filosofado», buscamos su aplicación en el entorno laboral y las consecuencias que se derivan. Suelo poner una tarea de cambio pequeño y enviarle algún recordatorio entre las sesiones. Conozco bien la capacidad de dispersión de los hemisferios derechos: podemos llegar a desaparecer.

Los tutores también se ven condicionados por su dominancia (aunque muchos no sean conscientes de ello). Los tutores de hemisferio izquierdo son más sistemáticos. Acuerdan los temas de mejora y los tratan uno a uno, en muchos casos facilitando herramientas para obtener esa mejoría. Si el tutorado es de la misma dominancia se encuentra como pez en el agua, pero creo que perderá oportunidades de superación. Profundizará en los temas buscando los cómos, pero dudo que se meta en los porqués. Marcará unos objetivos con unos indicadores de mejora claros. El problema es que, si no remueves las ideas, difícilmente se va a mantener una mejoría. No adquiero un nuevo hábito si no una nueva técnica pero si no sé por qué aplicarla no creo que el cambio sea permanente. También es verdad que si el tutor es tenaz y se centra en la disciplina de su tutorado, éste puede adquirir una nueva costumbre si ve mejora en los resultados, aunque no obtenga mejora, ni sensación de ella en sí mismo. Serán tutorías más frías, sobre todo para los tutorados de hemisferio derecho. A éstos les viene bien un poco de disciplina (entendida como esfuerzo para la adquisición de hábitos) y concentración, pero no creo que le expongan sus dudas o ideas creativas.

La situación se invierte cuando el tutor es de hemisferio derecho. Planteará unas tutorías más dispersas pero también más holísticas. Pondrá material de sus propias experiencias para caldear la entrevista. Será receptivo a los sentimientos de sus interlocutores. Hará planteamientos muy abiertos y ofrecerá dudas y caminos pero pocas conclusiones. Si su alumno es de la misma dominancia cerebral, se lo pueden pasar muy bien. Se reirán, serán creativos y expandirán sus ideas. Si el tutorado es de hemisferio izquierdo, puede encontrarse literalmente perdido durante muchas sesiones. Tendrá la sensación de que el *coach* no le ayuda y de que «va a la suya». Este tutor debe hacer un esfuerzo por centrarse en las técnicas, aunque luego les dé el cariz que quiera. Aun así, el receptor de hemisferio izquierdo puede verse recompensado porque es posible que gane en flexibilidad e intuición, lo que no es poco.

Cerramos este segundo bloque centrado en las aplicaciones del *neuromanagement* a las técnicas de RR.HH. En el último bloque, vamos a plantear algunos consejos para las organizaciones, las unidades de trabajo y las personas. También tiene una función de resumen, casi todos los temas habrán sido tocados de manera tangencial a lo largo del libro. En estos consejos no quiero cerrarme a lo que es estrictamente *neuromanagement* y algunos de ellos vendrán de otros temas como la motivación o la participación, pero se vinculan directamente con la actividad cerebral. Tampoco es la idea ser muy expansivo, porque con la cantidad de libros de *management* que hay podríamos hacer una enciclopedia. Como buen hemisferio derecho que soy, quiero dar pistas a esos tres niveles para su aplicación inmediata, aunque sin intención de ser exhaustivo.

Capítulo séptimo

Consejos para empresas, unidades de trabajo y personas

«Un consejo te doy a fuer de viejo: nunca sigas mi consejo.»
Antonio Machado.

1. Empresas

No es fácil dar consejos a las empresas porque como tales no escuchan, a pesar de que algunas empresas son inteligentes. Este tipo de consejos se dirigen a los directores o a aquellas personas que puedan incidir sobre las políticas que afectan a toda la organización: sindicatos, cuadros intermedios,... Los consejos van desde los más directamente relacionados con el *neuromanagement* a otros un poco menos vinculados.

1.1. Tener en cuenta el cerebro.

Es un consejo general. Muchas actividades de las empresas pecan de alguna dominancia cerebral demasiado marcada.

Algunas políticas están pensadas desde el reglamento o las leyes, lo que necesariamente no está bien diseñado para el cerebro. Por ejemplo, algunas empresas marcan unos perfiles de selección y competencias que harán que sólo se incorporen a ellas hemisferios izquierdos. Eso produce muchas dificultades a medio y largo plazo. Entre otras cosas, dificultan mucho la selección de mandos intermedios porque pierden buenos técnicos y logran mandos de una sola dominancia. Otro ejemplo son las políticas de sugerencias. ¿Cómo ser creativos cuando primamos la exactitud y la técnica? Las sugerencias serán técnicas, pero no tendrán en cuenta otras perspectivas como la del cliente o cambiar por completo el diseño de algún servicio.

Tenemos que ser conscientes de que existen varios tipos de cerebros y necesitamos de todos ellos para avanzar, que dentro de nuestra organización tenemos ambas dominancias cerebrales y que al diseñar las políticas de RR.HH. o los ritos de las organizaciones (empleado del año, cena de fin de año,...) debemos de interesar a ambos hemisferios.

1.2. *El miedo en la empresa*

En algunas empresas se respira miedo. Decía un autor (de cuyo nombre no logro acordarme) que el miedo es a las organizaciones como la hipertensión a las personas: un asesino silencioso. Nadie se atreve a hablar. El seleccionador de baloncesto de España ha escrito un libro muy interesante[42]. Le avala el hecho de ser campeones del Mundial de Baloncesto del año 2.007, que no es poca cosa. En una entrevista en televisión insistía en la necesidad de hablar y comunicarse. Ningún tema puede ser tabú. Que hablen, que no se dejen nada dentro. Pueden hablar de todo a nivel profesional y de lo que quieran a nivel personal. Es un mensaje fantástico, pero para eso se necesita un jefe que

---

42 Vid. HERNÁNDEZ, P. (2007): *Entrenar el éxito*, Madrid: La Esfera de los Libros.

no salte enfadado o tome represalias ante un mensaje que no le gusta. Tuve un jefe que no era mal profesional, ni mala persona, pero cada vez que le contabas algo que no le gustaba se enfadaba, gritaba, gesticulaba, se congestionaba y los puñetazos a las mesas y las patadas a las sillas no eran infrecuentes. Por no hablar de amenazas de sanciones y despidos que en general no pasaban de amenaza. Nadie nos atrevíamos a contrariarle. Creo que al final acabó solo, rodeado de aduladores sin escrúpulos. Despedido por un error que cometió y que nadie se lo señaló, aunque todos lo vimos. Los últimos meses fueron de parálisis, porque el miedo no nos dejaba hacer casi nada.

El miedo institucionalizado provoca reacciones de ataque y huida, ya que el sistema límbico está permanentemente activado; ataque a la institución y a las personas, falta de respeto (ganada a pulso); evasión en la mentira, dado que los datos que se manejan no son ciertos y la gente se va en cuanto tiene la más mínima oportunidad.

Si el Director General quiere que le llegue la información, debe crear un ambiente en el que decir una verdad o un punto de vista no sea una heroicidad. Para ello debe aprender a no reaccionar por muy estresado que esté. Si lo hace, se creará en torno a él un vacío de silencio. Al contrario, debe acostumbrarse a dar vueltas por la empresa y charlar con la gente. Y hacerlo sin una corte de personas que le impida ver lo que sucede.

El miedo paraliza al cerebro y es una buena fuente de mentiras y de hundimiento de las organizaciones.

1.3. *Horarios razonables*

Es verdad, la competencia mundial nos está machacando en Occidente. Estos orientales parece que hacen todo mejor, más barato y con unos salarios de risa. ¿Durará mucho la situación? No lo sé, espero que no. Pero es una presión que sentimos en la nuca para hacer unos horarios extenuantes de doce y catorce horas. Jornadas eternas que, desde el punto de vista del cerebro, sólo sirven para dejarle agotado. Sin ideas y sin tiempo para recuperarse, la productividad es nula. Quiero centrarme en los temas de *neuromanagement*, pero no voy a dejar de señalar el impacto que estas jornadas tienen en la desmotivación de las personas y en temas, en principio tan ajenos, como el fracaso escolar. Al hablar de horarios razonables, estoy pensando en horarios que permitan compatibilizar el trabajo, la familia y mis intereses. Estoy pensando en horarios que permitan descansar a lo largo de la jornada y cambiar de actividad sin que el corazón se encuentre en un número de pulsaciones demasiado elevado. Si mi cerebro recibe información sólo de mi trabajo, seré un inculto y mis aportaciones a la empresa serán cada vez más empobrecidas. Debo descansar y variar para que mi cerebro se recupere, se dedique a dar ideas rentables y no a la pura supervivencia.

1.4. Plus en las evaluaciones de desempeño para los cerebros menos frecuentes

Las evaluaciones de desempeño no deben utilizarse para homogeneizar al equipo, más bien todo lo contrario. En algunas evaluaciones, los jefes me han dicho de alguien: «No se adapta bien, no hace el trabajo como el resto de sus compañeros». Cuando charlamos más en profundidad, suele suceder que los resultados son buenos pero el estilo es muy distinto. Érase una vez (como en los cuentos) un auditor que «perdía mucho tiempo charlando y no dejaba los puntos sobre las ies». Estaba claro que el auditor era de dominancia cerebral derecha, mientras el resto de sus compañeros, incluido el jefe, eran de dominancia izquierda. El jefe estaba desconcertado con el estilo de trabajo y en eso centraba su evaluación. Tardaba más que sus compañeros pero lograba que los errores no se repitieran, su jefe también era consciente de eso.

También comentó que, cuando un cliente ponía muchas dificultades para hacer una auditoría, solían enviarle a él y lo lograba sin problemas. A pesar de todas las ventajas, seguía focalizándose en la diferencia. Al final, le convenció un argumento económico: tienes que pagar más por lo que es más escaso. Es relativo, pero en este caso debería ser consciente de que determinados problemas, al parecer, sólo se los iba a poder solucionar «*el raro*». Nos es difícil disfrutar de la diversidad, lo distinto nos sigue pareciendo peligroso. Algún vestigio de nuestro cerebro primitivo nos sigue jugando malas pasadas en el trabajo.

Como regla general, cada uno debemos trabajar en aquello para lo que tenemos más habilidades, cerebro incluido. Por lo tanto, hay que pensar bien lo que encargamos a cada uno de nuestros colaboradores. La dominancia cerebral debe ser un criterio más para encargar las tareas, y dentro de un equipo hay muchas tareas a realizar. Si el cerebro es una herramienta especializada, debemos encargar, en la medida de lo posible, trabajos especializados.

Es posible que dentro de la mejora y el desarrollo debamos marcar metas distintas dentro de cada grado de la evaluación de desempeño (o las competencias) en función de la dominancia cerebral. Sé que sería una complicación, pero podría ser más eficaz a la hora de evaluar el cambio de nuestros colaboradores. Menos mal que no hay que desarrollar aquí esta idea.

Para acabar esta sección, recordar dos temas de los que ya hemos hablado: 1) si quiero que cambie mi colaborador, yo también he de cambiar; y 2) la necesidad de seguimiento si queremos que la evaluación de desempeño tenga alguna eficacia.

1.5. *Cursos para entrenar el cerebro*

Parece una perogrullada. Todos los cursos entrenan el cerebro, incluidos los de *outdoors* en los que nos dedicamos a hacer ejercicios al aire libre. Todo es procesado por el cerebro. Aquí quiero señalar la necesidad de incorporar en las empresas cursos que traten directamente temas del cerebro. Sería una nueva generación de cursos, aunque la temática ya se trate en otros. Lo más importante de este tipo de eventos es que el criterio principal sea la utilización de la actividad cerebral.

Habría varios tipos de cursos. Centrados en el *neuromanagement*, se pueden diseñar para jefes, secretarias de dirección, comerciales, negociadores, directores de oficina bancaria, mejora y desarrollo de los colaboradores,... Centrados en la mejora de la actividad cerebral, serían cursos de gimnasia cerebral. La capacidad de manejar números o aumentar nuestra memoria mejora después de la asistencia, y no penséis en gente de cincuenta años para arriba, pues desde los treinta años se puede ser candidato. Otro patrón de cursos serían los de creatividad, pero con una visión más amplia del cerebro y no sólo quedarnos en las técnicas de creatividad. También se pueden organizar alrededor de la meditación y la relajación, y no me estoy perdiendo. La meditación exige concentración, lo que ayuda mucho al hemisferio derecho y a los límbicos. La relajación permite que los hemisferios izquierdos pierdan intensidad cuando se centran en un tema que no les aporta nada que no sea sufrimiento. Así que no descarte esta opción, aunque su rechazo a lo oriental sea tal que nunca haya entrado en un restaurante chino. Otro tipo de cursos serían los de análisis de problemas y toma de decisiones, pero más que centrados en una técnica, desarrollados a partir de la forma en la que los dos hemisferios estudian y solucionan los problemas. La mejor fórmula para analizar un problema no tiene por qué ser lineal[43], ni tener una sola herramienta en cada etapa. Por último, se pueden organizar talleres para resolver problemas concretos. Un equipo de personas relacionadas con un problema (y alguna no tan relacionada) se reúnen con un monitor especializado en análisis de problemas y toma de decisiones, y trabajan

---

43 N.A: Que se lo digan a Peter Sengue y a todo el desarrollo de *La V^a disciplina*.

con un problema real. Probablemente, tendría que hacerse en varias sesiones a lo largo de diez días y no en un formato de dos días seguidos.

Como vemos, el *neuromanagement* puede traer otra manera de formarse y creo que su aportación a las organizaciones puede ser importante.

1.6. *Lugares para pensar*

Voy en un tren. Tengo los ojos cerrados. Llevo al menos media hora haciendo ejercicios de meditación. Ahora comienzo a pensar en un problema que me preocupa. Veo el problema desde varias perspectivas, dividido en partes que antes no se me hubieran ocurrido. Se me ocurren varias soluciones parciales, alguna solución general. Las repaso tranquilamente. Abro los ojos y tomo notas en mi cuaderno Moleskine. Vuelvo a cerrar los ojos. Tomo una de esas soluciones y trato de pensar quién estaría implicado, cuánto tiempo nos va a llevar, qué recursos son imprescindibles. Así he resuelto alguno de mis mejores proyectos. ¿Hay algún sitio en su empresa en el que pueda pensar con cierta tranquilidad (y que no le aporreen la puerta porque quiere entrar otro)?

Al escribir esta sección, he caído en la cuenta de que son dos sitios distintos: uno para trabajar y otro para pensar. Quiero decir que me es imposible pensar con varios teclados de ordenador sonando a mi alrededor, pero creo que hay gente que ya no sabe pensar sin las computadoras.

El sitio para pensar debería tener las siguientes características: colores claros, mesas amplias, sillas cómodas, sillones con orejas, lápices y folios en abundancia, algo de fruta y agua mineral, sin música,... Las normas de utilización deberán ser sencillas: no se puede hablar, no pueden pasar los teléfonos móviles, no se puede interrumpir a otros (aunque sea su colaborador, ni su jefe), se puede echar una cabezadita.

De no existir sitios así, ¿dónde se piensa en las empresas? Un día, en una empresa, vi una escena genial. Alguien abrió la puerta del despacho de un director y preguntó: «Disculpa, ¿te interrumpo?» Se oyó una voz que dijo: «No, estaba pensando». El que quería entrar se sonrió y dijo: «En ese caso, vuelvo más tarde».

Las empresas tienen espacios cada vez más diáfanos y la gente está muy cerca. En muchas ocasiones hay demasiado ruido y el teléfono y el correo electrónico nos recuerdan que hoy tampoco saldremos a la hora. Es muy difícil pensar en esas condiciones. Tenemos el sistema límbico encendido y necesitamos llegar al cortical para mejorar nuestras decisiones. Necesitamos espacios tranquilos para pensar.

1.7. Premios de identificación de problemas

Algunas empresas premian a sus empleados por hacer sugerencias. No estaría mal que les premiaran por «encontrar problemas». Fíjate que no he dicho buscar problemas. Eso exige una actitud activa y no se trata de a ver con cuántos problemas doy. Eso se parecería a la caza de brujas, y no es eso lo que se pretende. Lo que buscamos es que si alguien da con un problema en nuestra empresa, del tipo que sea, que tenga un cauce para identificarlo y que se pueda tratar y solucionar.

Ya sabes que el primer paso para solucionar un problema es reconocer que lo tenemos. Sólo las empresas muy seguras de sí mismas pueden hacer eso: crear un clima tal que descubrir un problema no sea culpabilizar a nadie. Sería trabajar en la línea que Janelle Barlow y Claus Muller describen en *Una queja es un regalo*[44]. Una queja, en este caso un problema detectado, es una mini-auditoria gratis. Detectar un problema del que no soy consciente y que te lo comuniquen bien, que te sientas apoyado,

---

44 Vid. BARLOW, J. & MULLER, C. (2000): .*Una queja es un regalo*, Barcelona.

no debería ser traumático. En las organizaciones, los empleados corren a protegerse las espaldas y a atacar a otros, lo de menos es solucionar el problema, o al menos es lo que parece. Eso sucede porque las personas reaccionamos con el sistema límbico de nuestro eficaz y primitivo cerebro. Pero no quiero insistir más en esto, parece que tengo algo personal contra el *Homo sapiens sapiens*.

En el trabajo, todos somos conscientes de que existen problemas, negarlo no sirve para nada. Quizás, el problema no se origina en nuestra sección, puede ser que ni siquiera en nuestro tiempo. Como dice Peter Sengue: «Los problemas de hoy forman parte de las soluciones de ayer». Lo importante es solucionarlos.

Para acabar con esto de premiar a los que detectan un problema tendremos que pensar cuál es el premio ideal. Si pagamos poco, nadie se tomará la molestia de contarnos el problema. Si pagamos mucho, podemos descubrir que la gente prefiere descubrir problemas que hacer su trabajo; o lo que es peor, podemos hacer rentable la producción de problemas. Ambas cosas no parecen buenas para la empresa.

En cualquier caso, no perdamos de vista los dos mensajes clave: con miedo sólo hay supervivencia y todo se puede hablar.

1.8. Círculos de calidad

Ya no está de moda (pero es que no era una moda): juntar personas de distintas secciones de la empresa para atacar un problema concreto y solucionarlo. No se trata de sentarse para ponerse a criticar (que también se hace), sino de buscar soluciones a un problema a través de personas de distinta jerarquía para discutir sin tabúes sobre un aprieto y abordar la respuesta.

Soy testigo de resultados asombrosos,[45] de muchas horas

---

45 N.A: En *Caixa Ontinyent* obtuvieron resultados que ahorraron e hicieron ganar mucho dinero gracias al equipo de RR.HH. y a su Director General Paco Sanchís, que ya no está con nosotros y al que tanto y tantos echamos de menos.

metidas. Funcionaban porque eran diversos cerebros funcionando a la vez. Cada uno aportando lo mejor: disciplina, creatividad, capacidad de análisis, comunicación. En este caso, los círculos eran tan variados que no sólo analizaban los problemas y presentaban soluciones; es que llevaban a cabo las soluciones con sus pruebas piloto y su implantación en toda la empresa.

En ocasiones, requieren la ayuda de un especialista que no debe entrar en contenido, sino en metodología, herramientas y ordenar un poco el trabajo. Esto ahorra muchas horas al círculo de calidad y no lo desvirtúa. Para el consultor que va a ayudar, es un salto sin red. No hay programa, no sabes qué te vas a encontrar. Las primeras dos horas te las pasas haciendo preguntas y escuchando. Es un trabajo entre la consultoría y el *coaching* colectivo. Disculpad la expresión: es una gozada.

1.9. Fomente la siesta de veinte minutos

¿Qué hay en el piso 24 de *Empire Satate Bulding*?[46] Un *nap lunge*: una sala a la que la gente va a echarse una cabezadita. Los ejecutivos y otros trabajadores están descubriendo los beneficios de una siesta. En Japón hay salas de este tipo. En la puntual Suiza, en Berna, en el *Hotel Bären*, puedes alquilar una habitación por horas para echar, supongo, una siesta.

Las ventajas son claras siempre que no se exceda la media hora, a partir de la cual el cerebro entra en otros procesos más complejos y llega a variar su temperatura. Se recuperan fuerzas y está demostrado que los accidentes de trabajo disminuyen si se duerme siesta. También he leído que el rendimiento aumenta un treinta y cuatro por ciento (no me pregunte cómo lo han medido).

En algunas empresas permiten a sus trabajadores echarse la cabezadita en el mismo puesto de trabajo, siempre con cierta

---

46 LEÓN, D. (2007): "El privilegio de la siesta", *Revista Salud y Dinero*, julio / agosto.

discreción y sin sobrepasar los veinte minutos. He oído hablar de una empresa que tiene una sala de siestas. Los empleados la llaman «el finiquito», porque los que acceden a ella suelen acabar despedidos. No sé si la costumbre de dormir acabará imponiéndose en distintas modalidades, pero es una opción a tener en cuenta seriamente.

1.10. Rotaciones entre departamentos

Recuerdo una anécdota que me marcó. Fue durante un seminario a Directores de sucursales de una Caja de Ahorros. Todos eran muy jóvenes, excepto uno. El ambiente era bueno y las presentaciones se iban sucediendo. Todos tenían un máximo de dos años en el puesto. Cuando llegó el turno al hombre más mayor, se presentó diciendo: «Tengo más años de experiencia que todos vosotros juntos». Nadie dijo nada. A lo largo del seminario este hombre volvió a intervenir y comentó: «Todos mis días son iguales: 'Llego a las ocho menos cuarto, repasamos lo que hay que hacer ese día, comentamos algunas noticias, me marcho a desayunar con el segundo de la sucursal, atiendo a clientes más importantes, suelo tomar algún café con esos clientes, realizo algunas llamadas y a las tres repasamos un poco el trabajo y nos vamos'». Otro participante intervino y comentó: «Si todos tus días son iguales, sólo tienes un día de experiencia».

Es verdad que la rutina empobrece al cerebro. «Si siempre hacemos lo mismo, siempre obtenemos lo mismo.» La propuesta de hacer rotaciones entre departamentos trata de enriquecernos en una doble vía. Por un lado, aprender cosas nuevas; por otro, podemos hacer aportaciones al sitio al que vamos. Las rotaciones deben de ser lo suficientemente duraderas como para que podamos acumular cierta experiencia y experimentar nuevas ideas y sensaciones.

Desde el punto de vista del *neuromanagement*, es muy interesante porque el cerebro aprende cuando recibe nueva información, así que tenemos asegurado el aprendizaje. Tengo que utilizar más el cerebro, ya que lo de siempre es casi seguro que no funciona. Las normas han cambiado y los roles en el equipo también. Creo que era Piaget el que decía que «Inteligencia es eso que usamos cuando todo falla». Aquí tenemos que volver a pensar y eso aumenta el número de neuronas dedicadas a esos menesteres. Cambia nuestro punto de vista, nuestra percepción de las mismas cosas. Si el sitio al que voy es cliente de mi unidad de trabajo habitual, el beneficio será mayor porque sufriré o disfrutaré de las consecuencias de mi propio trabajo. Podré entender mejor a mi cliente y hacer que él me entienda a mí. Por otra parte, al volver a mi trabajo habitual podré aplicar mejoras que se me hubieran ocurrido. Es verdad que hay inconvenientes, trabajo retrasado, errores, pero creo que los beneficios son mucho más altos.

1.11. Café con el Director General

Para mí el café es una metáfora que significa «Veámonos», «Charlemos», «Cuéntame y yo te cuento», «Dame tu opinión, me interesa» o «Tengamos un encuentro», pero no se trata de tomar tantos cafés que la hipertensión nos acabe matando.

Una vez escuche a un Director General una pregunta curiosa: «¿Sabes dónde no llega la información y en dónde todos los datos están maquillados? En mi despacho, en mi cabeza». Y no se trataba de un Director colérico ni nada por el estilo. Es como si el viejo mandato de «Sorpresas, al jefe, ni buenas» se multiplicara por cien con el Director General. Agendas cargadas, trabajo a una velocidad de vértigo, sin tiempo para bucear entre los números,... todo parece conspirar para que «arriba» no llegue nada.

Cómo romper ese aislamiento. Dijimos antes que, si la información no cambia, el cerebro no aprende. En el caso de los Directores Generales uno de los problemas es que la información suele llegar «cocinada» para evitar disgustos. Así que tenemos que salir. Una de las posibilidades es organizar una vez al mes una reunión con personas elegidas al azar para charlar. No es el sitio de las reivindicaciones, sino el de identificar problemas y proporcionar soluciones. No es el sitio de los discursos, sino el de la escucha y el de dar un enfoque más amplio. El Director no debe hiperreaccionar ante lo que escuche, no debe tomar medidas drásticas. Debe recordar que el miedo llama al silencio y a la mentira. Por el contrario, debe pensar que las personas son válidas y que lo que fallan son las acciones.

Salir del despacho, charlar con gente, entrevistarse,... todo ello sirve para recibir información fresca y crear nuevas conexiones cerebrales. El Director también tiene derecho a seguir aprendiendo.

1.12. *Visitar a los clientes y proveedores*

Dentro de la campaña de cambiar la perspectiva y así enriquecer nuestra percepción, le aconsejo visitar a sus clientes y proveedores, pero no cuando haya que apagar un incendio. Hágalo cuando las cosas vayan bien y no lleve agenda. Hable de sus proyectos futuros, de sus problemas, del mercado, de las últimas tendencias en calidad. Hablen de lo que les de la gana, con tiempo y escuchándose. Eso aumenta la confianza. Si pueden entenderse cuando no hay problemas, tendrán una buena base para cuando los haya (que los habrá). Y haga lo mismo con sus proveedores. Muchas veces los proveedores nos sentimos como si jugáramos en un campo de fútbol del que sólo conocemos una parte. No sabemos hacia dónde correr y la incertidumbre no es precisamente la base de la confianza y la lealtad. Trate de que su proveedor entienda sus preocupaciones y de que usted entienda las suyas. No hay otra forma de mejorar la colaboración.

Lo importante a nivel cerebral es que podrán dialogar desde la parte cortical dejando la límbica más tranquila.

1.13. Revisión médica..., cerebro incluido

No sé cada cuánto tiempo se puede hacer un PET al cerebro. No sé qué prueba periódica será la más conveniente. Que lo digan los neurólogos. Pero me miran mi hígado, mis pulmones, mis riñones, mi sangre, mi orina. ¿Por qué no me cuentan cómo está mi cerebro? Sé que mucha gente se asusta ante esta perspectiva, que sea voluntario, pero pienso que el cerebro forma parte del cuerpo aunque algunos se empeñen en lo contrario. Una revisión puede avisar de que algo va mal. Al ser un órgano indoloro (creo), no avisa de sus enfermedades hasta que los estragos son desastrosos. Debemos hacer un esfuerzo por incluir alguna prueba cerebral en las revisiones de empresa.

Abrimos una segunda sección dedicada a las unidades de trabajo y los mandos. Por supuesto que algunos de los consejos que ya hemos dado pueden aplicarse a esta escala media. Muchas personas trabajan permanentemente en equipos: fábricas, cajas de ahorro y bancos, oficinas centrales, universidades, consultoras... El equipo es uno de los grandes inventos (quizás del Neolítico). Parte de nuestro cerebro se activa cuando hacemos actividades sociales. Como muchos autores han señalado, el enfadar al resto del grupo y que te obligaran a dormir fuera de la cueva podía significar que no verías salir al sol un nuevo día. El miedo al abandono está grabado en nuestro cerebro. Así que la unidad de trabajo es ese lugar en el que pasamos muchas horas. Veamos qué podemos hacer en él para mejorar usando el cerebro.

2. Unidades de trabajo y jefes

Casi todo el libro hace referencia a los mandos, por algo se llama *neuromanagement*, así procuraré no repetirme (me estoy repitiendo), y si lo hago, hacerlo lo más brevemente posible.

2.1. Conozca su dominancia y la de sus colaboradores y actúe en consecuencia

Herrmann comenta, en el libro al que ya hemos aludido más atrás[47], que una alumna le pone una metáfora sobre la dominancia. Es como una radio: hay emisoras que puedes escuchar casi toda la vida, te encuentras muy cómodo porque coincide con tus ideas o tus gustos. Hay otras que las escuchas bastante tiempo. También existen emisoras en las que estás incómodo y para mantenerte en ellas tienes que realizar un gran esfuerzo. Por último existen radios que por más esfuerzos que hagas no las soportas, te incomodan e incluso te enfadan. Me parece una buena comparación.

Bueno, si ha llegado hasta aquí, ya sabrá algo más sobre su cerebro y cómo sacarle más rendimiento en su relación con los demás. Tiene un cuestionario que le revela cuál es su dominancia y espero que a la luz de estos datos haya comprendido situaciones que vive en su trabajo y en su casa. Pero la clave del *management* no está sólo en conocerse a sí mismo (que también). La clave principal es tratar a los demás como necesitan que se les trate. No es lo mismo mandar a alguien con dominancia izquierda que derecha y son los jefes los que deben ser más flexibles. Es la dominancia del otro lo que nos va a indicar cómo mandarle, delegar, motivarle.

Para ello necesitamos tener un buen diagnóstico de nuestros colaboradores. No es difícil obtenerlo porque convivimos muchas horas y el cerebro no se tapa a la hora de actuar. A veces es más fácil diagnosticar la dominancia desde fuera que desde la misma persona. Es un tema para charlar con nuestros colaboradores, de uno en uno, en entrevista. No se le ocurra hacer una reunión para ver cuál es la dominancia de cada uno porque pueden acabar hablando de *Star Trek* («¿A ver, qué dominancia tiene Spock?»)

---
47 HERRMANN, N. (1996).

Tiene una lista de chequeo que le permite averiguar la dominancia de la gente que le rodea. Ahora debe de flexibilizar y adaptar su estilo a cada uno de sus colaboradores. Algo que le propongo es que empiece por adaptar sus mensajes según la dominancia de sus receptores. Notará cómo todo es más sencillo y mensajes que hasta hace poco eran una pesadilla ahora se entienden con mucho menos esfuerzo.

Tenga en cuenta que no somos dominancia pura. Yo soy dominancia derecha y disfruto mucho haciendo flujogramas para mejorar procesos (en lo del orden sigo siendo hemisferio derecho perdido). Eso facilita la flexibilidad y nos tiende un puente al punto siguiente.

2.2. Domine todos los lenguajes cerebrales

Siempre manejamos alguna habilidad del otro hemisferio. Está claro que necesitamos todo el cerebro para hacer cualquier actividad; y lo tenemos entrenado, sólo que somos bastante más hábiles con un hemisferio que con el otro.

Creo que existen dos lenguajes cerebrales correspondientes a los hemisferios derecho e izquierdo. También creo que es relevante el hecho de que existan dos velocidades cerebrales: la límbica, muy rápida, y la cortical, más lenta. Esos son los datos más relevantes para el *neuromanagement*, porque de aquí se derivan las consecuencias de las que hemos venido «charlando» en el libro.

Su obligación como gestor es «hablar» todos esos lenguajes. Ser racional, sentimental, rápido y capaz de reflexionar. Afortunadamente, no debemos ser especialistas en los cuatro, sino gestores. Gestor significa que domino uno o dos lenguajes y manejo los otros dos. No sé dar órdenes a alguien de una dominancia distinta a la mía pero soy capaz de hacerle preguntas para que razone sus decisiones. Debo de manejarme en los lenguajes que no domino.

Cualquier mejora en una dominancia que no es la mía no será espectacular en sí, pero sus colaboradores se lo agradecerán. Es típico de los hemisferios izquierdos ser demasiado secos en sus presentaciones en público. Después de un curso, algunos me han comentado que su presentación no fue perfecta, pero que la gente le felicitó. Sin duda superaron las expectativas.

2.3. Enfadados, no gracias

Se me quedó mirando durante la entrevista. Se frotaba una mano que evidentemente le dolía. Con la voz más tranquila que pude le dije: «No vuelvas a dar otro puñetazo en la mesa». Me miró sorprendido: «No he dado ningún puñetazo en la mesa». Pero seguía frotándose la mano, el dolor estaba ahí y como dicen en CSI: «Deja que las pruebas hablen». Fue durante la entrevista a un jefe. Reconozco que le provoqué un tanto porque, según él, era algo parecido a San Francisco de Asís: todo amor y paz. Sus colaboradores le llamaban *«Conan el Bárbaro»* y sus puñetazos a las mesas y broncas eran famosos en toda la empresa. Nos costó mucho que dejara de meter esas broncas pero al final lo conseguimos (sobre todo él). Alguno de sus colaboradores me daba las gracias, incluso delante de él, lo que habla bastante a su favor. Lo que yo no sabía en ese momento es que mi tutorado estaba en un rapto emocional o límbico. Seiscientas milésimas de segundo bastaban para que descargara su puño contra la mesa por la más mínima de las contradicciones. Cuando nos enfadamos, el sistema cortical pierde la batalla. La adrenalina nos invade y somos capaces de golpear (procure que tenga una mesa cerca) antes de tomar conciencia de lo que estamos haciendo. Es cierto que su recuperación era muy rápida. A los dos minutos era amable conmigo, mientras mi corazón se había puesto a ciento veinte pulsaciones.

Cuando el circuito límbico detecta una señal de peligro, hiperactúa. La adrenalina nos invade, la tensión arterial se dispara y el primitivo (cerebro) que llevamos dentro se prepara para una batalla de larga duración. Era cuestión de supervivencia. Nuestro cerebro se prepara para dos reacciones: el ataque y la huida. No hay más alternativas. Y este estado de alarma tarda en calmarse, con las desastrosas consecuencias que tiene para la salud.

Hay que detectar las primeras señales del enfado. No dejarle que se dispare. Preguntarnos y preguntar al interlocutor para que nuestros lóbulos frontales sigan en funcionamiento y mantengan a raya a nuestras amígdalas. Una vez más tenemos que hablar para evitar la crispación. Enseñar y aprender antes que regañar.

Muchos ejecutivos se creen que están en una jungla: siempre en tensión, actuando como si un desastre se ciñera sobre ellos en cualquier momento, viendo señales de peligro en los detalles más inocentes. Hay un libro que se llama *Sólo los paranoicos sobreviven*, que no lo he leído, con lo cual puedo estar siendo injusto. Cuando vi el título, me quedé pensando en el rastro de despedidos y acosados laboralmente que van dejando algunos «supervivientes». Por cierto, algunos de ellos acaban cayendo estrepitosamente por algún amigo de un «muerto», de modo que el paranoico te dice: «Ves cómo tenía razón. Iban a por mí». Ese estilo hace que las órdenes se conviertan en amenazas, los colaboradores en víctimas y los cerebros retrocedan miles de años.

2.4. Crear equipos con todo tipo de dominancia

No insistiré mucho en este tema: ¿tiene todo tipo de cerebro en su equipo? ¿Cuál es el estilo dominante? ¿Trata bien a la dominancia que es menor en número? ¿Permite que las personas con distintas dominancias cerebrales busquen puestos de trabajo en los que se desarrollar sus habilidades?

Si los equipos son todos iguales, tendremos los mismos puntos fuertes pero cometeremos los mismos errores. No olvide que no podemos solucionar un problema con un solo hemisferio cerebral. Todo problema técnico conlleva un problema humano y todo problema humano necesita de una técnica correcta. Ambos hemisferios son necesarios.

También recuerde, como vimos en el apartado del trabajo en equipo, que distintas fases de los proyectos reclaman las habilidades de los dos hemisferios. He podido observar que cuando los equipos son muy fuertes el liderazgo pasa de una persona a otra según la fase del proyecto. Estoy convencido de que la forma en la que utilizan sus cerebros está detrás de este «liderazgo por relevos». Así que ya sabe: disfrute de lo distinto.

2.5. *Necesidad de* rapport

Podemos definir *rapport* como acompañamiento, pero también como el clima de cercanía que se crea entre dos o más personas. La unidad que diriges tiene su propio *rapport*. Ya comentamos que en parte podía parecerse a tu carácter, pero sólo en parte. Es importante que pienses en el ambiente que existe en tu unidad. No tiene por qué ser el mismo ambiente que hay en tu dirección. A veces, «pagas factura»[48] por tener otro ambiente. Es una decisión que, como mando, tienes que tomar.

Es importante que podamos hablar de todo y con todos. Soy consciente de que estoy dando la tabarra con este tema, pero es que la autocensura es mortal para el desarrollo de tu cerebro y de las ideas que tiene. Queremos que los ambientes sean asertivos, que las personas se sientan seguras a la hora de dar su opinión, que sepan que no van a ser agredidas ni tienen necesidad alguna de agredir. «Asertivo» significa que voy a ser escuchado y tenido en cuenta. Eso lo da el carácter de las personas y también el clima del trabajo, pero no el de toda la empresa, sino el de tu unidad de trabajo.

---

48 N.A: Esta expresión de «pagar factura» es engañosa. Pago una factura cuando he recibido algo a cambio. Aquí me penalizan por romper la cultura de mi dirección con una cultura propia. A lo mejor, tienes suerte y tu dirección tiene un buen *rapport*; si no, prepárate a pagar factura. En consecuencia, tienes que lograr buenos resultados para sobrevivir.

Debo aceptar que los otros son como son. En el caso que nos ocupa, que sus cerebros perciben y procesan la información de una manera distinta a la mía. Saber que todos los cerebros tienen sus ventajas y sus inconvenientes.

Siguiendo la terminología de Belbin[49], debo aceptar una serie de debilidades y no permitir otras. Por ejemplo, tengo que aguantar que el coordinador sea perezoso si alguien hace su trabajo, pero no debo permitirle que asuma todo el crédito por el esfuerzo del equipo. Al implementador le admito «la adherencia a lo ortodoxo y probado», si bien no le tolero «obstruir el cambio».

Así que debo mantener un clima en el que todas las dominancias cerebrales puedan expresarse y aportar sus habilidades. Para ello, debo evitar que se machaque la autoestima de las personas que componen mi equipo[50].

2.6. *Analizar la forma en la que se trabaja*

Hace tiempo me contaron una historia que seguro que está deformada aunque es auténtica. Una antropóloga estudiaba una zona de Estados Unidos. Tomó nota de lo que comían y cómo cocinaban. Le llamó la atención la costumbre de romper un extremo de la pata de cerdo antes de asarla en el horno. Le preguntó a una de sus entrevistadas que por qué lo hacía y después de pensarlo un poco respondió: «No sé, siempre se lo he visto hacer a mi madre. Podemos preguntárselo». Fueron a ver a la madre y se lo preguntaron, pero su respuesta fue la misma que la de su hija. Afortunadamente, la abuela seguía viva y en buenas condiciones, así que fueron a preguntárselo. La abuela no pensó mucho la respuesta: «Los primeros hornos eran muy pequeños, había que romperla para poder meterla».

---

49 BELBIN, M. (1993):. *Roles de equipo en el trabajo*, Londres: Editor William Heinemann, p. 53.

50 N.A: Un excelente libro sobre este tema es de ANDRÉ CH (2007): *Prácticas de autoestima,* Barcelona: Kairós.

Eso es muy frecuente en los equipos de trabajo. La forma en la que trabajamos se hace invisible. No somos conscientes de ella, se vuelve transparente y se nos antoja la única manera de hacer nuestro trabajo. Eso no es cierto, sólo que no cuestionamos la forma en la que trabajamos. Pero no es «inocente», un diseño refleja la dominancia cerebral del que lo ha hecho. Hay diseños hechos a conciencia, cuidando todos los detalles y situaciones, son de hemisferio izquierdo, pero también pueden ser poco flexibles, no tener en cuenta las necesidades de los clientes, sino de la técnica y las normas. Otros diseños están tan centrados en las personas y en la comodidad hacia éstas que pueden ser inválidos por no tener en cuenta toda la normativa o no saber qué hacer ante determinadas situaciones. Son los diseños desde el hemisferio derecho. Tenemos que repasar nuestra forma de trabajar y hacerlo desde ambos hemisferios. ¿Damos espacio a la comunicación? ¿Hemos tenido en cuenta todos los detalles? ¿Conocemos todos los reglamentos que nos afectan? ¿Hemos tenido en cuenta la comodidad de los clientes? ¿Obedece a criterios lógicos? ¿Podemos modificarlo bajo condiciones especiales? En fin, todas las preguntas que se nos pueden ocurrir desde los dos hemisferios.

Al repasar un procedimiento de trabajo o una rutina (aunque no esté escrita), debemos pensar la posibilidad de hacerlo de otra manera. Podemos pensar en distintos procedimientos o pequeñas variaciones para adaptarnos a la dominancia cerebral del cliente. No es imposible. Las personas que atienden bien son capaces de adaptarse a las necesidades de sus clientes y, por supuesto, a sus dominancias cerebrales también.

2.7. *Técnicas de resolución de problemas en equipo*

Una vez me invitaron a una reunión para resolver un problema. Se trataba de un equipo que no lograba avanzar en un problema que no era difícil, pero que implicaba a muchas personas. En la reunión había veintidós personas y ningún moderador. Duró una hora y media y aquello fue una guerra. Todo el mundo acusaba a todo el mundo y lo de menos era solucionar el problema. Las prioridades eran que no me caiga el marrón a mí y echar las culpas a otro. Cuando el director me invitó a dar retroalimentación a los presentes, procuré hacerlo con mucha delicadeza (más que nada para evitar que todos se pusieran de acuerdo en que el consultor era el enemigo de todos). Comenté la necesidad de no buscar culpables, sino de centrarse en el análisis y luego en las soluciones, de tener una cierta metodología y algunas herramientas, en marcar una agenda de orden del día con pocos puntos y todos centrados en el problema. La reacción de varios de los componentes fue: «Aquí analizamos los problemas así». En ese momento saque mi lado *'doctor House'* y les di una dosis de comentarios más ácidos. Como era lo que el Director esperaba, creo que tomaron nota y luego, después de ponerme verde, ellos decidirían.

Los equipos deben ser conscientes de que se necesita tecnología para solucionar los problemas. Sentarnos y charlar no es suficiente por muy buena intención que tengamos. Otro tema del que deben ser conscientes es cuándo están trabajando en producción y cuándo en progreso. En producción, estamos sacando el servicio adelante; en progreso, estamos eliminando errores y obstáculos que de no quitarlos se quedarían permanentemente (recuerde la pata de jamón y el horno). Un porcentaje del trabajo en equipo debe ser para progreso, porque si no cada vez nos costará más sacar la producción adelante. Existe tecnología para el análisis de problemas y la toma de decisiones. Una de las más famosas fue la desarrollada por Kepner y Tregoe, es buena siempre que seamos conscientes de que son hemisferio izquierdo. Ataca bien los problemas técnicos. Otras técnicas, como el flujograma y el análisis morfológico, también refuerzan el empleo del hemisferio izquierdo. La tormenta de ideas refuerza ambos hemisferios y los mapas mentales tienen más que ver con el hemisferio derecho, creo. Hemos de tener un arsenal de herramientas que nos permitan la utilización de ambos hemisferios.

A estas reuniones de análisis de problemas debemos invitar a todos los implicados y tratarlos desde una perspectiva de anfitrión: hacerles que estén y se sientan cómodos. Estamos aquí para solucionar el problema, y lo demás sobra. Tampoco estaría mal invitar a algún «profano», alguien que no conozca el problema y que pueda hacer las preguntas que nunca nos haríamos o establezca relaciones entre componentes del problema que nunca se nos habrían pasado por la cabeza.

2.8. Aumentar la conciencia

Algunas veces pregunto a mis alumnos: «¿Cómo está vuestro equipo?» Algunos responden automáticamente: «Pregúntales a ellos». «Mala respuesta», suelo responderles. El jefe tiene que saber en todo momento cómo está su equipo. Si no es así, es porque ha perdido contacto con ellos. Y no hay una respuesta correcta. Mi hemisferio izquierdo me dice que busquemos indicadores claros y les hagamos un seguimiento. Y tiene razón. Mi hemisferio derecho dice que estemos atentos a la comunicación no-verbal y algunas expresiones verbales de la gente, que nos fiemos de las sensaciones. Y también tiene razón. Debemos tener indicadores claros: horas de llegada y salidas, proyectos en marcha, objetivos alcanzados, formación recibida, opiniones de clientes,... Pero debemos reconocer que hay veces en las que los datos puros y duros están bien, pero el equipo no. Gente agotada, tratamientos antidepresivos, equilibrio entre la vida personal y profesional, salud en general, cómo se sienten en el equipo, nivel de humor del equipo. Esto es más difícil de medir, aunque también está ahí.

Muchos jefes se sorprenden (sobre todo si son hombres) ante un estallido de su equipo cuando le sientan «a traición» y le comentan que no pueden más y que están reventados. Muchos piensan: «Y yo que creí que íbamos bien». Los equipos y las personas emiten señales antes de explotar, pero somos incapaces de traducirlas correctamente porque estamos demasiado centrados en los resultados y nos olvidamos de revisar «la maquinaria» que los produce. ¿Cuándo fue la última vez que nos sentamos con nuestro equipo y le preguntamos qué tal se encontraban? ¿Quién es el jefe tan seguro de sí mismo que es capaz de escuchar las críticas sin sentirse personalmente atacado? Muchos jefes pensamos que nuestra gente puede acceder a nosotros sin problemas y nos pueden contar lo que quieran. En este caso, hay que tomar la iniciativa y reunirse dos o tres veces al año y tomar conciencia de cómo estamos.

En meditación, algunos autores hablan de «pasarse el escáner» varias veces al día desde los dedos de los pies a la punta de la cabeza y ver si nos duele algo. Cuando lo haces, descubres que te duele la espalda o que tienes los hombros demasiado cargados o que estás forzando mucho una rodilla o que estás sentado retorcido. Un simple cambio de postura, unas respiraciones profundas y el dolor se aminora o desaparece. Con nuestros equipos tenemos que hacer el escáner de vez en cuando y tomar algunas medidas pequeñas (que el propio equipo acaba proponiendo a poco que tengan confianza).

2.9. Ritual para pensar

Ortega y Gasset tiene un escrito genial: *Ensimismamiento y alteración*. Le ruego que lo lea porque le enseñará muchas cosas sobre cómo creamos. Pone un ejemplo sobre los monos enjaulados. Dice que siempre están haciendo cosas o dormidos pero nunca ensimismados, es decir, pensando. Las personas tenemos la capacidad de meternos en nosotros mismos: estar ensimismados. Allí es donde se nos ocurren las ideas que luego llevaremos a cabo. Cuando estamos haciendo cosas, estamos fuera de nosotros, alterados y de aquí el título del escrito.

Cuando visitamos una oficina, vemos a la gente haciendo cosas a un ritmo frenético o mirando fijamente al ordenador y haciendo pequeños movimientos de muñeca con el ratón,... como si fuéramos un antecedente de *Matrix*. No es fácil ver a alguien pensando (creo que es más fácil ver a alguien dormido), a alguien concentrado en resolver un problema, en buscar soluciones diferentes. Parece que estuviera prohibido pensar en las oficinas.

El cerebro necesita un mínimo de silencio para pensar. Deberíamos tener ese espacio de silencio. También necesitamos algo tan sencillo como un folio en blanco y un lápiz. No necesitamos, a pesar de lo que cree mucha gente, un ordenador portátil último modelo. Pensar con un programa delante es pensar con la lógica del programa, pero no con la nuestra, ni con la del problema, ni con la del cliente. Ya hemos visto que hay técnicas para pensar. Conózcalas. Métase en alguna de las páginas web que le enseñan a pensar[51]. Tenga un cuaderno a mano en el que apunte sus ideas. Allí puede hacer seguimiento de las mismas. Lo mismo dentro de unos años valen un dineral. Piense en los cuadernos de Leonardo da Vinci, siempre llevaba uno con él para apuntar sus ideas, y que no se le perdieran.

No es imposible que en su unidad de trabajo se pongan de acuerdo para establecer una pausa de quince minutos para pensar, individualmente, en silencio. Es como hacer *footing* cerebral. No es necesario que se tomen los quince minutos a la vez, pero sí que establezcan unas reglas de respeto y no interrumpir al que está en su tiempo de pensar. Los resultados serán asombrosos. Problemas que parecían insolubles tendrán soluciones sencillas. Podemos establecer un símbolo, un banderín, una figura que, cuando uno de nuestros colaboradores la ponga sobre la mesa, signifique que está pensando. No descarte la idea desde su hemisferio izquierdo. Cambie «por qué» por «por qué no».

---

51 Le recomiendo www.neuronilla.com. Aquí encontrará métodos, ejemplos, una fantástica bibliografía, incluso *software* para las presentaciones de sus ideas.

2.10. El ritual del café

Hay personas que cuando llevan cinco minutos en su puesto de trabajo parece que llevan horas. Dan una imagen de agotamiento que sólo con verles da fatiga. ¿Por qué entramos al trabajo sin transición alguna?

Ya has leído que el café es una metáfora. Me da igual que sea un té o cualquier otra bebida (de carácter legal, claro). La idea es dedicar diez minutos a charlar mientras tomamos algo. Todo el equipo en torno a un café o una infusión; a contarse qué tal el día; a charlar de manera informal de las cosas formales; a animarse, a consolarse;... a lo que necesitemos. Y todos los días. Hay gente que me dice que todos los días no tendrían nada que decirse al final. Para eso está el café. La excusa es tomar un café. La reunión ya tiene objetivo y estamos dispuestos a bebérnoslo, quiero decir a alcanzarlo.

Un cliente (audaz) lo puso en marcha sin ninguna fe, pero los problemas de comunicación en su unidad de trabajo eran tan grandes que estaba dispuesto a probar lo que fuera. Cuando hizo la propuesta a su equipo, la respuesta fue algo menos que gélida. Al final, alguien hizo un comentario sobre que le saldría más barato que en el café de la esquina. Con un colega marchó a comprar lo necesario y a partir de la mañana siguiente comenzaron. Sería el café de Colombia, o la oxitocina que produce en el cerebro, pero funcionó de maravilla. La gente comenzó a hablar de sus problemas en el trabajo, a llegar antes, a compartir información, a bromear, a sentirse más cómodo, a formar parte de algo. Los rituales tienen su importancia y en este mundo rápido que nos toca vivir se agradece un poco de calma. El café de mi cliente olía muy bien y empezó a apuntarse gente. Así que aprovechaban para charlar temas del trabajo de una manera más informal y relajada y funcionaba. Es cierto que tuvieron que poner números clausus para no convertirse en una cafetería. Cuando viaja echa de menos su familia... y su café de las mañanas.

2.11. Entrevístese más y reúnase menos

Reunirse es una consigna de nuestros tiempos. Nos queremos reunir para todo. No tengo nada contra las reuniones bien preparadas y ejecutadas. Al contrario, me parecen muy gratificantes, pero creo que para un jefe suponen un alto riesgo. Siete cerebros, por ejemplo, con distintas dominancias nos obligan a lanzar el mensaje en cuatro formatos distintos produciendo conexiones y desconexiones en la gente, teniendo que recordar la dominancia exacta de cada interlocutor concreto. Son complicadas. En una entrevista la situación se simplifica más, aparte de que algunas reuniones son entrevistas una detrás de otra con la excusa de que se pierde menos tiempo. Como íbamos diciendo, en la entrevista el jefe lo tiene algo más fácil. Son dos cerebros comunicando y no tenemos que cambiar de registro cerebral constantemente.

Un consejo que suelo dar a los participantes en mis cursos es: «Entrevístese más y reúnase menos». Algunos de ellos me comentan que en las entrevistas es más fácil crear buen ambiente, tomarse un poco más de tiempo para dar con la respuesta adecuada,... Algunos me han comentado que en una entrevista se sienten menos presionados y no explotan tanto, es más fácil controlar las broncas. También es verdad que a algunos jefes les pasa exactamente lo contrario.

Una entrevista es un buen momento para escuchar. Las preparaciones de las entrevistas son más fáciles porque lo importante es lo que dice el entrevistado. Unas cuantas preguntas clave y dedicarme a escuchar y a preguntar con lo que la otra persona me dice. Puedo preguntar cosas obvias sin parecer tonto delante de todo el equipo. Una persona, en una entrevista, puede contar cosas que nunca contaría en una reunión, cosas más personales o sensaciones que no quiere compartir con todo el equipo. Son una ocasión para dar y recibir retroalimentación (algo que no debes hacer en equipo es pedir retroalimentación sobre ti porque inevitablemente acabará en tragedia). Cuando damos *feedback*, estamos dando un regalo; por lo tanto no debemos hacerlo de cualquier manera[52]. No se compra un libro y se lanza a la cabeza del agasajado. Se entrega con cariño y con cuidado. En una entrevista podemos mostrarnos más abiertos y más vulnerables (sin caer en lo cursi, por favor).

No es necesario que se entreviste con todo su equipo en una semana. No nos sobra el tiempo. Tampoco soy partidario de los grandes planes. Prefiero la homeopatía a la gran cirugía. Así que tómese las cosas con calma y entreviste una vez a la semana a uno de sus colaboradores. Habrá semanas que estará de viaje y no podrá hacerlo, pero debe ser tenaz. De esta manera, es posible que entreviste a sus colaboradores tres veces al año, lo que permite un seguimiento de sus mejoras.

2.12. *Aprender de otro campo*

No sé si recuerda una película que se llama *Master&Commander*, con Russell Crow de protagonista. Es una adaptación de una serie de novelas de mar. En la película, un barco inglés debe de neutralizar a otro barco francés que está asaltando a todo tipo de embarcaciones. La cinta no tiene desperdicio para aprender a mandar; sobre todo al principio, cuando el barco francés les toma desprevenidos y les lanza tres andanadas de fuego antes de que ellos puedan responder. ¿Recuerda la escena? Pues no es ésa la que me gustaría que recordara. Es una hacia el final de la película. Hay un médico que se dedica a capturar especies de las islas por las que pasan. En una de esas islas encuentra un bicho palo y al buque francés amarrado al otro lado de la isla. Corre a informar al capitán y le enseña su bicho palo, cuya mayor habilidad es camuflarse para atacar a víctimas confiadas. En ese momento, al capitán se le ocurre la idea de camuflar su barco de

---

52 N.A: Esta idea se la escuché a Araceli Cabezón, una compañera de proyectos y *coach*.

barco ballenero para que el francés ataque y se ponga a tiro de sus cañones, que son de alcance más corto. La idea de un naturalista le sirve a un militar.

Nuestro hemisferio derecho es capaz de aprender haciendo conexiones laterales. Nuestro hemisferio izquierdo profundiza en las ideas. Pero si nos especializamos tanto tendremos visión de túnel y seremos ciegos para aportaciones de otros campos. Al contrario, dando alimentación al cerebro distinta de la habitual éste puede hacer nuevas conexiones y tener nuevas ideas. Curiosear en campos diferentes a los de nuestra especialidad es una fuente de creatividad. Pero no se trata de buscar. Si es usted científico especialista en el ADN y se encuentra viendo *La flauta mágica* de Mozart en un teatro, no se trata de que analice todo a ver si puede aprovechar algo. Relájese y disfrute de la música y de las situaciones tan surrealistas que le proponen. Es más bien la idea la que le encuentra a usted. Que su cerebro grite (imaginariamente, no queremos que le echen del teatro) ¡eureka!

¿Cree que no puede aprender nada de cursos ajenos a su profesión? Cocina, Tai Chi, Ikebana,... ¿Cómo programa el cocinero la ejecución de sus platos y acaba con la cocina limpia? ¿Cómo se concentra en el Tai Chi el practicante para mover todo el cuerpo en una dirección mientras parece bailar con sus manos en una danza distinta? ¿Cómo se crea belleza en el Ikebana partiendo de elementos sencillos? Canto en un coro. He aprendido más sobre la escucha en él que en todos los cursos de escucha activa. Tengo que interpretar una partitura, empastar con mi cuerda, encajar con otras tres cuerdas de voces para que el resultado sea el que quiere el director. Eso sólo se logra a base de escucha y concentración, dos cualidades que necesita todo consultor.

2.13. Cambie de sitio

Somos cambio, y no es un descubrimiento de hace poco. Heráclito lo dejó claro para el que quiera entender. Tenemos que variar de muchas formas, tanto mental como físicamente. Pero ya hemos visto que el cambio nos despierta las alarmas cerebrales. Piense que tiene muchos más recursos de los que parece para afrontar todo tipo de cambio. Debemos acostumbrarnos al cambio en nuestra vida, incluso a provocarlo.

Salga a pasear y cambie de ruta. Descubrirá nuevas casas y tiendas, paisajes nuevos, otra gente. Salga de su mesa, levante la vista de la pantalla de su ordenador. Pobres los colaboradores cuyo jefe sólo sepa trabajar. Hay que pasillear, conocer colegas, establecer redes que nos permitan superar las crisis cuando no tenemos suficientes recursos. Si siempre le da a su cerebro la misma información, siempre obtendrá un resultado parecido. Recuerde la frase de Abraham Maslow: «Para aquel que sólo tiene un martillo, todos los problemas son clavos». Cambie su mesa de sitio y obtendrá una nueva perspectiva de su trabajo.

Cuando hablamos en la oficina de rotación, podemos empezar por una rotación física de todo el equipo. Cambiar de sitio para cambiar de perspectiva. Muchos equipos de alto rendimiento se expresan físicamente, se mueven, son flexibles. No es lo mismo que el Director de una oficina bancaria tenga su despacho al fondo y no vea pasar a nadie que lo tenga al comienzo de la oficina y pueda ver qué clientes entran en su trabajo. Sólo con ese cambio tendrá una visión más real de su actividad.

Y cerremos estos consejos, que son para las unidades de trabajo, y empecemos a pensar en las personas. ¿Cómo podemos mejorar en el uso de nuestro cerebro? Evitaré los que ya he dicho (pero no olvide la siesta, ¡eh!). Una vez más, unos estarán más vinculados al cerebro que otros. Pero eso lo da mi hemisferio derecho.

3. *Personas*

Podemos mejorar nuestro cerebro y usarlo mucho más, y sobre todo obtener mejores resultados. No creo en las mejoras espectaculares, hemos de aplicar un trabajo continuado que en un momento determinado dejará ver el resultado. A veces practico gimnasia cerebral, durante tres o cuatro semanas. De repente me sorprendo a mí mismo recordando los nombres de mis alumnos, a los que acabo de conocer hace dos horas La plasticidad del cerebro está sorprendiendo a los investigadores. Algunos de los consejos que va a leer son comunes para todos, otros están especialmente dedicados a algunas de las dominancia. Empecemos por los primeros.

3.1. *Conozca su cerebro*

Deberíamos conocer nuestro cerebro. Nos evitaría muchos disgustos. ¿Ya tiene claro cuál es su dominancia? Puede averiguarlo en este libro, no pase por alto los ejercicios. Si no conocemos nuestro cerebro, no entenderemos muchas de sus reacciones, algunas de las cuales nos pueden dejar perplejos. Conocer nuestros puntos fuertes y débiles nos permite mejorar mucho en nuestro trabajo y no meternos allí donde no tenemos recursos. Hemos de aceptar que nuestro cerebro no es especialmente eficaz ejecutando algunas tareas. Si me ponen a repasar un proyecto para buscar defectos y encontrar detalles, es casi seguro que los defectos seguirán después de mi revisión. Me ha pasado más de una vez quedarme mirando una tabla de datos sabiendo que algo estaba mal y no dar con el fallo. Alguno de mis compañeros, con un simple vistazo, ha señalado el error. Por el contrario, soy muy creativo, aunque no me lo proponga. Pero lo que tengo que hacer es sacarle partido. Para ello debo analizar la dominancia de mi cerebro sin tener especiales preferencias. También puedo preguntar a mis compañeros qué hago bien o en qué me pedirían ayuda en el trabajo antes que a otros. No descarte sorprenderse. A veces, desde fuera, se nos conoce mejor. Puedo ser demasiado severo juzgando mi trabajo y perderme oportunidades.

Pero reconforta mucho conocer nuestras propias habilidades y entregarnos confiados a ellas sabiendo que tenemos recursos que nos ayudan en los retos.

3.2. Un puesto óptimo para su cerebro

Conozco algunos maestros que se enfadan cuando surge el tema de la vocación (no se engañe, son excelentes maestros). Su queja viene porque sólo se les pide vocación a los sacerdotes, a los médicos y a los maestros. Creo que la vocación también está vinculada con aquello que a nuestro cerebro se le da bien. Existen cosas que hacemos de manera espontánea porque nos gustan, nos encontramos bien haciéndolo, somos buenos haciéndolas.

Como consultor, a veces veo a gente en puestos en los que no encajan nada: periodistas tímidos, cajeros desordenados, médicos sin empatía, creativos con poca creatividad,... Es un sufrimiento. En algunas de las sesiones de *coaching* rompen a llorar porque saben que lo están haciendo mal, pero se encuentran sin recursos para salir de la situación. Cuando el trabajo con el que vas a vivir la mayor parte de tu vida es contrario a tu dominancia cerebral, has cometido un error importante. No vas a mejorar mucho y dependerás de la paciencia de tus clientes y compañeros. Algo que no es agradable ni para ellos ni para ti. Si no quieres acabar tomando un montón de pastillas para sobrellevar el tema, plantéate, si es tu caso, cómo cambiar. No eches la culpa a tus padres, a tu jefe o a quien quieras. Pon en marcha tu hemisferio izquierdo y traza un plan para escapar de ahí lo antes posible. Hazlo con cuidado. No te dejes llevar por el hemisferio derecho.

Lo que acabo de escribir no significa que cada puesto de trabajo pueda ser ejercido desde un solo hemisferio cerebral. Hay muchos trabajos que se pueden ejercer desde cualquier hemisferio, con distintos estilos y logrando unos buenos resultados. De hecho, todos tenemos en nuestro trabajo, por mucho que nos guste, tareas que cerebralmente son contrarias a nuestra dominancia, pero su nivel de ocupación es bajo (para eso se inventaron los becarios). Es posible que nos estemos confundiendo con la forma en la que queremos ejercer nuestra profesión. Elegimos un estilo que contradice nuestra dominancia cerebral. Debemos estar atentos a este tema.

A veces, comparando nuestro trabajo con nuestras aficiones, descubrimos una disonancia esencial. No tienen nada que ver uno con las otras. Debemos reflexionar sobre qué nos gusta más y qué se nos da mejor.

Si estamos en un trabajo que coincida, en gran parte, con nuestro hemisferio cerebral dominante, ¡enhorabuena! Tiene usted una fuente de automotivación por encima de muchos factores. Es posible que haya encontrado su vocación, sea ésta la que sea.

3.3. Entrene su cerebro: gimnasia cerebral

Contó un chiste y nos reímos. Tenían que ver su cara de asombro. Todos nos reímos con una carcajada fuerte y espontánea. Luego se echó a llorar y le consolamos y nos contó su historia, y nos volvimos a reír. Tenía cincuenta y tres años y, según él, nunca había hecho gracia a nadie. Su mujer y él se apuntaron a un grupo de teatro para distraerse. Allí aprendió textos, algo de comunicación no-verbal y también le hacían contar historias y chistes. Siempre lo hacía con muy poca gracia. Esta vez no fue así, logró captar nuestra atención y sorprendernos con un final inesperado y genial.

La gimnasia cerebral es un invento fascinante. Hay ejercicios sobre números, imágenes, concentración, pautas lógicas, creatividad,... Podemos entrenar nuestro cerebro en lo que queramos o en lo que más necesitemos. Existen muchos libros y están al alcance de todos[53]. Al principio, puede dar pereza, pero vemos

---

53 N.A: Le recomiendo el de WUJEC, T. (2006): *Gimnasia mental*, Madrid: Ediciones Martínez Roca.

los resultados en seguida (en especial si nuestras puntuaciones en ese campo concreto son un desastre).

No está claro si este tipo de ejercicios previenen el Alzheimer, pero sí mantienen nuestras condiciones cerebrales más en forma. También mejora nuestra vida cotidiana, porque podemos hacer operaciones mentales más deprisa y con más seguridad. Merece la pena dedicar una parte de nuestro tiempo a entrenar directamente nuestro cerebro.

3.4. Aprenda otro idioma

Le escuché al profesor Francisco Mora que, a partir de los cuarenta y cinco, más o menos, había que empezar a estudiar y a hablar y escribir otro idioma. Eso se había demostrado como un buen ejercicio para el cerebro. Se hacían nuevas conexiones y el cerebro ponía a trabajar a más neuronas. Aparecían más neuronas útiles que se transformaban y mejoraban el cerebro. No estoy seguro de si le entendí bien y si se estaba refiriendo a las células glía. Si existe un error en este apartado, es imputable a mi memoria y no al conocimiento del profesor Francisco Mora.

3.5. «El placer de meditar»

Casi todos los autores del cerebro hacen referencia a la meditación y a sus beneficios. Desde Goleman, Mora o Rubia todos señalan que la meditación pone al cerebro en el centro. Es la herramienta de la que se vale la meditación. Tomemos como ejemplo el ejercicio básico de centrarse en la respiración. Ir contando las respiraciones hasta diez y volver a empezar, siempre sin distraerse. Lo que sucede en ese momento es que todo nuestro cerebro se está implicando en el ejercicio. La conciencia reside en el neocórtex y la respiración está grabada en lo más profundo del sistema límbico. Ponemos ambas en contacto. Es un ejercicio simple y fascinante. Hay días que no es nada fácil de hacer.

El título del apartado es de un libro de Juan Manzanera[54]. Recomiendo su lectura y su práctica. En él encontrará muchas explicaciones y muchos ejercicios, y lo hace sin recurrir a explicaciones religiosas, lo que pone su sabiduría al alcance de cualquiera que quiera beneficiarse de ella.

Los beneficios de la meditación son muchos, pero para destacar dos más vinculados al cerebro, señalaré el aumento de la percepción y el aumento de la conciencia de uno mismo. Nuestro cerebro mejora en la visión de las cosas y tomamos conciencia de detalles que antes pasábamos por alto. Con respecto a la toma de conciencia, puede que sea una variante de la ventaja anterior, sólo que esta vez se dirige hacia nuestro propio cuerpo. Lo sentimos mejor y somos capaces de aliviar algunos dolores.

Existen estudios que hacen referencia a que los que practican meditación regularmente suelen tener un neocórtex más grueso que el que le correspondería por tamaño de cerebro. Al fin y al cabo se juega conscientemente con el cerebro.

Por último, señalar que la meditación no es beneficiosa para todo el mundo. Hay personas a las que les sienta mal por diversas razones. También es cierto que hace falta una cierta práctica para empezar a disfrutar con sus ejercicios. Algunas personas comentan haber pasado un periodo de irascibilidad durante su dominio de la meditación. Siempre tiene sitios a los que ir a aprender meditación, eso le facilitará la práctica.

3.6. Aumente la conciencia

Como ya hemos leído sobre la meditación, seré breve en este punto. Muchos directivos se asustan con la idea de estar en el futuro, pero no en el que comentamos cuando nuestros equipos son potentes. Si están en una reunión, están pensando en una entrevista difícil que tienen más tarde. Si están en casa con sus

---

54 MANZANERA, J. (1998): *El placer de meditar*, Novelda: Editorial Dharma.

hijos, se angustian porque una entrevista con su jefe que va a mantener mañana no se le quita de la cabeza. Es una situación que sufren muchos y no se dan cuenta de ella. Les parece que es normal.

La conciencia nos remite al «aquí y ahora». Concentrarnos en lo que estamos haciendo. Una de las fases favoritas de Juan Manzanera es: «Somos concentración». Cuando estoy realizando una presentación en público, no puedo permitirme el lujo de «conectar el piloto automático». Tengo que estar lo más presente posible. Igual sucede con mi familia. A veces hay que preguntarse a uno mismo: «¿Qué tal me encuentro en este momento?» Así me situaré en el presente. Antes de dar una charla, procuro quedarme un par de minutos a solas viendo cómo me encuentro y, en función del estado de ánimo, así doy el tono a la conferencia; no el contenido, que lo tengo preparado antes. Pero si quiero estar más sarcástico o bromista, o si me apetece profundizar más en algún aspecto en concreto, me viene muy bien. Es una forma de tomar conciencia del momento.

Tener claro lo que estoy haciendo en ese momento significa que el neocórtex está activado y recuerde que sus respuestas son más elaboradas que las del resto del cerebro. Nos propone otras formas de hacer las cosas, caemos en la cuenta de algo que teníamos mecanizado y, lo más importante, nos permite introducir cambios en lo que estamos haciendo.

3.7. *Piense y actúe*

¿No ha escuchado nunca la voz de su jefe que dice: «Deprisa, haz algo»? Poco menos que le está diciendo: «Me da igual lo que hagas, pero, por favor, que no crea mi jefe que estamos pensando». Algunos jefes lo justifican: «Es que estamos en medio de una crisis, no me voy a poner a leer a Aristóteles». Como si Aristóteles hubiera escrito algo. Me sorprendió una vez que charlaba con un bombero y bromeábamos con eso de pararse a pensar en medio de un incendio y me dijo: «Si no te paras a pensar diez segundos, puedes poner tu vida y la de otros en peligro». Parece que hay que pensar incluso, sobre todo, en medio de un incendio. Si no lo hacemos, corremos el peligro de poner en marcha una solución contraproducente: algo que parece que funciona pero que luego complica el problema. Como lo de echar agua a una bisagra que chirría y descubrir que deja de hacerlo, aunque luego lo hará con más fuerza[55]. Ante las crisis, pensar.

El correo electrónico es un gran avance, pero en algunos aspectos somos muy novatos en su uso correcto. Cada vez más nos entra información a través de este medio. Posibilita la contestación inmediata y sucede que, ante una respuesta que no es de nuestro agrado, algunos optan por responder de manera muy agresiva y desagradable, con copia a media empresa y algunas copias ocultas. Esta reacción tan rápida y poco pensada provoca una bola de nieve de correos, amenazas, reuniones, entrevistas, negociaciones y, al final, lo de menos es el problema. Ahora tenemos dos problemas, el original y el que ha provocado la respuesta airada. Una vez más parece que el café, una entrevista tranquila, hubiera sido mejor que enviar una nota desde el sistema límbico y con un cóctel molotov anexo. Ponerse en el lugar de la persona a la que voy a responder es, desde el punto de vista del *neuromanagement*, ponerse en la dominancia cerebral, esperar el tiempo necesario y buscar la oportunidad para que la conversación pueda ser llevada desde el neocórtex, con la persona que queremos comunicar. Éste es unos de los múltiples ejemplos en los que hay que pensar (con el cerebro cortical) antes de actuar.

Tenemos que adaptar nuestra forma de comunicar y de mandar o gestionar las relaciones a la dominancia cerebral de nuestro interlocutor. Es uno de los mensajes que hemos dado desde el principio, así que vamos a ser coherentes con él y adaptemos nuestros consejos a los dos hemisferios cerebrales.

---

55 N.A: Ejemplo tomado de Peter Sengue y su V^a *disciplina*.

3.7. Consejos para hemisferios izquierdos

Me gustaría ir más allá de los tópicos. No se trata de que las personas (no olvidemos que siempre hablamos de personas) con dominancia cerebral izquierda tengan que ser unos «cabezas cuadradas», ni aquellos que tienen una dominancia cerebral derecha son divertidos y creativos. Son tendencias, unas favorables y otras claramente ineficaces, que la forma en la que nuestro cerebro procesa y organiza la información nos predispone a seguir. Nosotros actuamos sobre ellas (desde nuestro cerebro). Pero las personas son algo más. Unos de mis amigos es ingeniero y la forma en la que tiene ordenadas las herramientas en su cuarto de trabajo le delata como hemisferio izquierdo. Además, le encanta el *jazz* y la música rock, devora cómics y, cuando yo divago en mis filosofías, no pone los ojos en blanco, sino que escucha atentamente (cosa que yo le agradezco). Por lo tanto, por muy clara que esté la dominancia cerebral de alguien, no significa que sepa todo sobre esa persona. Más bien significa que, si sigo algunos principios del *neuromanagement*, tendré más fáciles mis relaciones sociales con mi interlocutor. Nada más... y nada menos.

Creo que estadísticamente está claro que los hemisferios izquierdos estudian carreras técnicas o prácticas, o bien ejercen trabajos en los que su dominancia les proporciona una ventaja. Por eso es posible que el tópico tenga parte de razón, pero no toda. Aunque al final del libro reflexionemos sobre la carrera profesional y el cerebro, está claro que la ruptura de pasar de técnico a mando es difícil para las personas con la dominancia cerebral izquierda. Lo que le hace buen técnico le hace ser un jefe poco flexible. Por tanto, las recomendaciones que encontrarán aquí van en la línea de ganar relatividad en sus planteamientos.

Una de las características de la dominancia izquierda es su capacidad de focalizar y de profundizar en aquello que le preocupa. En mi labor de *coach*, me he encontrado con jefes que habían hecho análisis excelentes de por qué no funcionaba un colaborador y, en cambio, no encontraban soluciones. La respuesta solía ser: «Esta persona debe de funcionar de esta manera». La lógica de las personas no es la del debe, suele ser la del cree. Cree que tiene que hacer las cosas así. Hay que cambiar las ideas y las relaciones de un colaborador con una parte concreta de su trabajo si queremos que mejore. Por ello, necesitamos un enfoque más amplio para ayudar a cambiar. Y el hemisferio izquierdo está especializado en enfoques muy concretos. Esto se complica porque muchas personas con esta dominancia son buenos colaboradores, es decir, obedecen a la primera y lo hacen bien (en las cuestiones técnicas sobre todo). Pero cuando uno es jefe, tiende a mandar y controlar tal y como nos mandan y controlan a nosotros. Así pues, si yo acato una orden sin discutir, ¿por qué debería explicársela a mis colaboradores? La respuesta a estas alturas del libro no hay que escribirla. En este sentido de ganar flexibilidad y apertura a otras formas, es por donde van a ir los consejos que doy a las personas cuya dominancia cerebral es la izquierda.

3.7.1. Cambie de perspectiva

Me impresiona la historia de los ciegos y el elefante. Un circo llega a una ciudad y un grupo de ciegos quiere saber cómo es un elefante. Se dirigen al domador de elefantes y éste les trae al más tranquilo para que los ciegos puedan palparle sin peligro alguno. Después de tocarle durante un rato, los ciegos le dan las gracias y se marchan paseando. Durante el camino de vuelta uno de ellos dice: «¡Qué raro es el elefante, parecido a una serpiente pero con pelos! Otro ciego le responde: «¿Qué dices? Era como una mariposa gigante». Otro de ellos les contesta: «No sé qué habéis palpado, pero eran cuatro columnas poderosas. El último ciego les replica: «Pero ¿cómo no os habéis dado cuenta de que era como una pared enorme».

Cuando nos empeñamos en mantener una sola perspectiva de los problemas, somos como los ciegos y el elefante. Estamos condenados a conocer sólo una parte del problema y nos creeremos que ésa es la verdad.

En las organizaciones, los problemas tienen muchas perspectivas. Incluso los problemas de las máquinas, que deberían ser técnicos, tienen más aspectos de los que en principio parece. Cuando estudie un problema, pregúntese por la visión técnica del mismo, sin olvidar la faceta humana y social. Tampoco debe olvidar la perspectiva económica, ni ignorar las normas que rigen su institución, ni su cultura organizativa. Cada uno somos un ciego, si no pensamos en las diversas perspectivas, estamos perdidos. La comunicación es una de las ventajas que tenemos para conocer el problema y encontrar una solución que tenga en cuenta todas las visiones del problema.

Existen algunas herramientas para ayudarnos en el cambio de perspectiva. Una de ellas es *Seis sombreros para pensar* de Edward de Bono[56]. Es una técnica según la cual el sombrero es un símbolo para pensar. Cada color representa una simbología. Por ejemplo, el color amarillo es el de la actitud positiva, o el negro el de la negativa. Cada vez que te «pones mentalmente» un sombrero observas el problema desde esa perspectiva y aportas nuevas ideas. La técnica es un poco más compleja y merece la pena que profundice en ella. Igual que jugamos con los colores, podemos jugar con las perspectivas: económica, normativa, cultural, personal, social, técnica,...

Sea consciente de que siempre existe más de una perspectiva desde la que contemplar el problema y buscar soluciones.

3.7.2. *Busque más soluciones*

Los procesos de analizar un problema y de buscar soluciones al

---

56 BONO, E. de (2002): *Seis sombreros para pensar*, Barcelona: Editorial Granica

mismo son inversos. Cuando analizo un problema, me encuentro con muchas causas posibles, que he de reducir a unas pocas que son significativas para provocar el problema. Cuando busco soluciones, parto de un problema y he de encontrar muchas acciones que, combinadas, eliminen las causas (o al menos las consecuencias). Casi podemos decir que los problemas se analizan con el hemisferio izquierdo y las soluciones se buscan con el hemisferio derecho (soy consciente de que se trata de una simplificación). Lo que nos hace buenos analizando problemas nos hace poco eficaces buscando soluciones. Tenemos la solución demasiado clara y suele ser una sola solución. De aquí que invite a los hemisferios izquierdos a buscar más de una solución.

Decía Einstein: «Es un locura hacer siempre lo mismo y esperar que suceda otra cosa». Los budistas suelen decir que si siempre hacemos lo mismo, siempre obtenemos lo mismo. Tratemos de aumentar nuestra polivalencia. Si tenemos una solución clara, sigamos insistiendo en la búsqueda de más soluciones que aborden el problema desde distintas perspectivas.

Una solución es «la solución de una contradicción», dicen los estudiosos del método TRIZ[57]. La reconciliación de dos términos aparentemente contradictorios. Cuidado con las soluciones demasiado claras.

Muchas veces los inventos (que no dejan de ser soluciones a problemas) son mezclas de distintos temas. El más clásico es la imprenta, en la que Gutemberg mezcló: la prensa, el papel, la tinta y hacer letras en moldes de plomo que se podían intercambiar de sitio. Así que los hemisferios derechos deben aprender a jugar mezclando cosas sin conexión. Si su empresa organiza cursos de creatividad, corra a apuntarse, si no lea este par de libros[58]. Son fantásticos.

---

57 N.A: Gracias a José Luis del Valle por introducirme en esta metodología y por su excelente trabajo sobre la misma.
58 MICHALKO, M. (1999): *Thinker Toys: cómo desarrollar la creatividad en la empre-*

3.7.3. Trabaje las atribuciones

Me contaron esta anécdota. Una persona va conduciendo con prisa. Se mete en una calle de un solo carril y se encuentra con que el coche que va delante va muy lento. El conductor de atrás se impacienta: «Parece que lo hace adrede», llega a pensar. Toma aire y decide tener paciencia, pero el conductor delantero cada vez lo hace peor. Ahora va dando tumbos. Por fin golpea a uno de los coches aparcados. «Este hombre va borracho», piensa el segundo conductor. El primero se baja y comienza a mirar los desperfectos sin saber muy bien qué hacer. El segundo también se baja dispuesto a discutir, lo que está sucediendo es inadmisible. Cuando se acerca, descubre que el primer conductor está desencajado y bastante desorientado. «¿No ha visto lo que ha hecho?», le pregunta el segundo conductor muy enfadado. «Disculpe yo... yo... (después de un silencio logra continuar hablando) Vengo del médico. Me ha dado dos meses de vida.» De repente, como impulsado por un muelle, el segundo hombre le abraza y ambos rompen a llorar.

¡Qué puñeteras son las atribuciones! Creemos que estamos pensando, pero lo único que estamos haciendo es opinando, adscribiendo explicaciones no comprobadas a la conducta de otros. Recuerde el capítulo de las incomprensiones mutuas. Nuestro cerebro encuentra explicaciones y se las cree. Es nuestra obligación seguir buscando explicaciones para una conducta que, en principio, nos parece incomprensible. Creo que el hemisferio izquierdo es más dado a hacer una atribución única, mientras que el derecho hace tantas que al final no sabe con cuál quedarse. Pero no hay otra forma de superar las incomprensiones mutuas que haciendo más atribuciones y comentarlas con el interesado. Los malentendidos se superan con comunicación. Si hago una atribución que no compruebo, seguiré construyendo mi opinión

---

sa; (2000): *Los secretos de los genios de la creatividad*, Editorial Gestión 2000.

sobre esa atribución no comprobada que, en la mayoría de los casos, será falsa.

Comentando estos temas con algunos participantes de cursos, he comprobado que para muchos es importante ofrecer una impresión de seguridad y, por lo tanto, de confianza en sus atribuciones. Procuro que vean la otra cara de la moneda. Si bien es cierto que un jefe inseguro puede poner nervioso a todo su equipo, que no sabrá a qué atenerse, también lo es que un jefe que opina y se equivoca y se muestra seguro en su error es un jefe autoritario. Y su equipo le percibe como un dictador, aunque sus opiniones fueran correctas, el exceso de seguridad se ve como autoritarismo. A muchas personas con dominancia cerebral izquierda se les considera jefes autoritarios y poco participativos, aunque ésa no sea su intención.

3.7.4. *Tómese un día libre*

El título de este apartado iba a ser «Tómese un día libre de su hemisferio izquierdo». Suena duro, pero ésa es la idea.

El cerebro necesita tiempo. Mientras dormimos, nuestro cerebro ensaya. Sin querer entrar en comparaciones, cuando las ratas de laboratorio que están monitorizadas duermen su cerebro, en algunas fases del sueño, reproducen la misma actividad que cuando se encuentran en el laberinto. Incluso se puede saber en qué parte del laberinto creen que están porque coincide con la actividad cerebral de vigilia en el laberinto. ¿Quién no ha soñado con un examen (incluso quince años después)? Nuestro cerebro necesita tiempo para practicar con los sentimientos, la información, repasar los engramas. Demos tiempo al cerebro.

Podemos practicar con el otro hemisferio con el que no nos encontramos tan cómodos. Ir al cine, a una exposición, a un restaurante nuevo, a ver la calle a horas en las que nunca estamos en ella,... todo es nueva información para el cerebro, y por lo tanto, aprendizaje. De lejos se pueden ver mejor los problemas, se obtiene otra perspectiva. Rompa con la rutina de todos los días. No es que ese día no estemos trabajando, es que lo hacemos de otra manera.

Leer novela, poesía o humor también son formas excelentes de «tomarse un día libre». No las desprecie, pues son un festín para el cerebro.

3.7.5. El «café» como aliado

Las personas con una dominancia cerebral izquierda tienden a concentrarse, a trabajar solos y ven las charlas «intranscendentes» como una pérdida de tiempo. Pero los mandos me cuentan otras historias. En muchas de estas historias aparece el «café». Cuando no se sabe qué hacer con un colaborador o un cliente (en este caso interno, sobre todo), las cosas se arreglaron cuando tomaron un café tranquilamente y pudieron intercambiar sus puntos de vista y entenderse. Pero esto no se logra desde la mesa de trabajo, con correos electrónicos o apelando a un artículo del reglamento. Se arreglan los problemas partiendo de la base de que el otro también tiene razón. Pero para eso tengo que escucharle con calma, sin prisa y sin soluciones preconcebidas.

A veces, en mis cursos, me sucede algo parecido. Casi puedo escuchar su pensamiento diciendo: «Deje de divagar y déme la herramienta». En los cursos debo hablar los cuatro idiomas cerebrales si quiero llegar a la totalidad de los asistentes. Pero algunos participantes con dominancia izquierda quieren ir demasiado directos. Es como si fueran a una corrida de toros y nada más salir el toro lo mataran. Son demasiado utilitarios. Decía Nietzsche: «El que sabe el porqué, encuentra el cómo». Pero ser demasiado técnico o práctico es incompatible con la indagación sobre el porqué. Compartir la experiencia y el punto de vista es un gesto de generosidad que facilita la relación con los otros. En las organizaciones también funciona así.

El hemisferio izquierdo quiere analizar y profundizar en los temas y lo hace desde la concentración. Cuando no entiende algo, quiere profundizar más y se aísla todavía más. A veces, después de alguna reunión en la que no hemos llegado a ningún acuerdo, veo a personas que, con la mejor de las intenciones, me dicen: «Necesito estudiarlo más». Cuando el problema no está en su análisis, sino en lo que no ve. Y si no lo ve, no lo va a analizar ni a estudiar. Para eso necesita que alguien le ayude focalizando su atención en otros aspectos del problema.

En la actualidad, es casi imposible trabajar sin una buena red de contactos. Y no se trata de enchufes, ni recomendaciones, sino de conocimiento. Si no establezco una red a la que consultar, no podré ampliar mi conocimiento rápidamente. Mucha gente comenta que estas redes sirven para propósitos extraños y para vagos que piden mucho y dan poco. Desde una cierta ingenuidad elegida, suelo contestarles que para eso está la ética de cada uno y la norma de dar más de lo que recibes, pero reconozco que, con algunos personajes, es cierto que no merece la pena establecer redes, no sirven. Así que, por muy técnico que sea, procure ir conociendo gente y cultivando ese conocimiento. Le podrá ser muy útil en un momento dado.

3.8. Consejos para hemisferios derechos

Valdría la introducción sobre los hemisferios izquierdos, en el sentido en el que hemos de ir más allá de los tópicos. La dominancia cerebral es una tendencia muy fuerte pero no exclusiva. Conocer la dominancia no nos debe hacer ignorar a la persona. Pero no quiero insistir más en este punto (como buen hemisferio derecho).

Esta dominancia está asociada a las carreras de letras y «humanistas». También a ciertos departamentos de las empresas: marketing, parte de RR.HH.; o a determinadas profesiones: magisterio, enfermería, psicólogos,... Por supuesto que en todas estas profesiones se puede ser muy bueno teniendo una dominancia izquierda y bastante malo teniendo la dominancia derecha. Una cosa es la habilidad y otra lo que hacemos con ella.

Una de las desventajas del hemisferio derecho es su capacidad de dispersión. Nos complica el atender a los detalles o llevar ciertos temas hasta el final. En general, son problemas vinculados a su capacidad de concentración. Le viene por ser tan curioso y tan ávido de conocer cosas nuevas. Casi todos los consejos vendrán en esta línea.

Domina la parte blanda del liderazgo: comunicación, empatía, motivación,... Esto es muy apreciado en las organizaciones, en las que a veces se produce mucho sufrimiento. Pero ser mando puede ser muy duro y al hemisferio derecho no le gusta el conflicto, no lo soporta. A veces hay que enfrentarse a colaboradores que son caraduras, no tolerar situaciones de *mobbing*, no estar de acuerdo con directores autoritarios, despidos,... Estos temas duros son contrarios a la forma de operar de los hemisferios derechos pero vienen incluidos en el paquete de mando.

3.8.1. Cuide los detalles

Voy al médico. Preparo toda la documentación, la ordeno, repaso por si me falta algo, tomo nota de algunas preguntas que quiero hacer al médico. Llego a la consulta, voy a pasar. Me he dejado los papeles encima de la mesa. ¿Le suena la historia? Otras veces son situaciones del trabajo. Tengo que repasar un informe especialmente voluminoso y complejo, a la quinta página me bailan las letras y no tengo claro qué estoy repasando.

Es la percepción global de los temas la que nos dificulta ver los detalles. Somos holísticos y nos cuesta enfocar. Podemos percibir si un tema está bien planteado o si tenemos diversas formas de abordarlo. Eso se nos da muy bien pero lo de centrarnos en los detalles es otro cantar. Es un error muy habitual no saber qué hacer con los temas muy pequeños, los detalles o lo tedioso que nos obliga a mantener la atención durante mucho tiempo.

Debemos ser conscientes de las trabas que los errores en los detalles nos ponen en nuestra relación con las personas de dominancia cerebral izquierda. Se molestan y extienden una sombra de duda sobre el resto de nuestro trabajo. Merece la pena cuidar los detalles y hacer comprobaciones. Muchas listas de chequeo que carecen de sentido para los hemisferios izquierdos son pedagógicas para los derechos.

3.8.2. *Repase, profundice en los temas*

Muy en línea con el punto anterior. Tendemos a dar por supuestos temas fundamentales, con lo que nuestro interlocutor se queda totalmente perdido. Incluso a veces pensamos que ya lo hemos dicho pero no es así. La capacidad de asociar del hemisferio derecho nos permite saltar de un tema a otro sin el más mínimo problema para nosotros. Es lo que Edward de Bono llama «pensamiento lateral»[59]. Muchas veces es más importante la digresión que el tema principal. Cuando doy conferencias me atengo al guión porque conozco mi capacidad para entroncar el tema de la charla con la película que he visto el día anterior. Hay personas que tildan a los del hemisferio derecho de vagas porque no profundizan en los temas o porque improvisan. Supongo que muchos de ellos son de dominancia izquierda y no son capaces de improvisar, pero reconozco que más de una vez se me ha ido el santo al cielo y he tenido que repasar las notas para ver por dónde iba en la charla.

Otro inconveniente que tiene el hemisferio derecho es que se contenta en seguida. En cuanto tiene cierta cantidad de información cree que puede deducir el resto, por eso le cuesta tanto escuchar al otro. Cualidad de la que me acusa mi esposa, no sin

---

59 BONO, E. de (1998): *El pensamiento lateral*, Barcelona: Editorial Paidos

pruebas evidentes. Le cuesta profundizar porque le atraen las novedades.

También es cierto que cuando hacen una primera versión de un informe suelen hacerlo muy bien, pero claramente mejorable respecto a los detalles, cifras, fuentes,... Por tanto, es aconsejable volver a los temas que escribimos. Quizás haciendo otra cosa entretanto para no sobrecargar la atención.

Cuando cuento una historia o algo a los participantes, procuro recordar el poema de Ruyard Kipling que reproduzco a continuación. Es un chequeo que me permite mejorar mi capacidad de comunicación. Cuando lo hago, veo que la historia mejora y algunos de los asistentes cierran la boca.

«Yo tengo seis honrados servidores que me enseñaron todo cuanto sé,sus nombres son: QUÉ, POR QUÉ y DÓNDE, CÓMO, CUÁNDO Y QUIÉN.»

3.8.3. Simplifique el trabajo

A veces, cuando diseñan un trabajo, las personas de dominancia cerebral derecha se complican mucho la existencia. Hacen muchos apartados y subapartados. Caen en bucles y todas las partes tienen que actuar simultáneamente. Son diseños espectaculares pero poco realistas. El trabajo debe ser lo más sencillo posible para que los resultados sean buenos.

Conviene hacer un gráfico del diseño de una propuesta de trabajo. No es necesario que sea un flujograma, puede ser un un dibujo. Cuando lo hacen, observan que determinadas partes del dibujo hacen referencia a otras partes y que esas conexiones complican demasiado el funcionamiento correcto. Deben eliminar algunas partes para lograr un diseño sencillo y eficaz.

Conviene dormir las ideas antes de presentarlas. Al día siguiente puedes decidir si has complicado demasiado el diseño.

3.8.4. Ordene

Miro mi mesa y no sé si atreverme a dar este consejo: ordene. Los libros casi se caen de ella, tengo apuntes, esquemas y fichas por todos los lados. La música del *Stabat Mater* de Pergolesi suena a través de los altavoces del ordenador. Tengo un cubilete repleto de lápices, dos atriles,...; en fin, no sigo para no dejar de escribir y ponerme a recoger. El hemisferio derecho facilita la «extraversión». Somos extravertidos, es decir, nos vertimos de más. Cuando llego a un sitio, necesito desparramar mis cosas para encontrarme a gusto. Cuando arribo a esos talleres con las siluetas de las herramientas en los paneles, me siento como si estuviera ante un puzzle difícil. Me temo que el desorden y cierto caos van en la forma de ser que me potencia el hemisferio derecho.

Tirar es otra consigna muy recomendable. Pero tirar es una tarea que implica mucho orden. Empezar por un extremo, empezar y acabar con toda la habitación. Es una tarea dura para el hemisferio derecho, al que cada objeto le recuerda una historia y personas que le traen sentimientos. Eso es difícil de tirar. Algunos autores vinculan el hecho de tirar con el de obtener un espacio para que puedan suceder o venir cosas nuevas. Es una posibilidad.

De vez en cuando invierto unas cuantas horas en ordenar mi despacho, aunque sé que la tarea es ingrata y los resultados durarán poco. Por otra parte, no dejo de reconocer que cuando está ordenado tengo cierta sensación de sosiego.

3.8.5. El seguimiento es importante

¿Recuerda la descripción de los roles de Meredith Belbin? Uno de ellos es el investigador de recursos. Iniciar los proyectos y poner entusiasmo en las primeras etapas se le da bien, pero luego pierde el interés. Es su hemisferio derecho. «Lo mejor de los proyectos es pensarlos», es una frase que escucho con cierta frecuencia. ¿Por qué le cuesta tanto al hemisferio derecho el tema de los seguimientos? Sin duda porque está vinculado al tema del cuidado de los detalles y la planificación. Ambas tareas exigen mucha sistemática y poca creatividad, el tipo de tarea que aburre al hemisferio derecho. Incluso en temas que son muy importantes, como puede ser el de la propia salud.

Una posibilidad para mejorar es plantearse cada seguimiento como un pequeño proyecto. De esta manera, podrá prepararlo bien. Cuando preparo mis sesiones de *coaching*, procuro pensar en ellas como una micro clase: de qué vamos a hablar, qué herramientas vamos a usar, qué objetivo nos marcamos. Así me motivo más en los seguimientos. Luego llego a la entrevista y puede pasar cualquier cosa, pero mi hemisferio derecho hubiera preferido pensar sobre la mejora en general que sobre esa entrevista en particular. Vamos cerrando este capítulo de consejos para la implantación del *neuromanagement*.

3.8.6. Concéntrese

Otra historia oriental. Un discípulo le preguntó a su maestro: «¿Qué es el Zen?» Y el maestro le respondió: «Cuando barras, barre. Cuando friegues, friega». Es decir, concéntrate en aquello que estás haciendo.

El hemisferio derecho tiene una gran tendencia a la dispersión. Le cuesta empezar aquello que acaba. Lo bueno que tiene esto es que te facilita la delegación porque como jefe empiezas muchos temas que tienen que acabar tus colaboradores. La dominancia derecha pasa los asuntos sin el menor sufrimiento, algo que no sucede con la dominancia izquierda.

De alguna manera la concentración nos hace «poner en marcha» el hemisferio izquierdo porque nos obliga a focalizar nuestros sentidos sobre un tema determinado. No podemos olvidar que la información al cerebro le llega a través de los sentidos.

Cuando estoy haciendo alguna tarea rutinaria, me repito qué es lo que estoy haciendo y qué es lo que tengo que lograr. Me siento tentado a dejarlo todo por alguna pregunta que me hacen o simplemente cambio de actividad. El repetirme lo que estoy haciendo me facilita llegar al final de las tareas.

Uno de los ejercicios que me ha ayudado a mejorar es la meditación. Noto que mi capacidad de concentración mejora, y no sólo cuando la practico. Casi toda meditación comienza concentrándose en la respiración. No hace otra cosa y, aunque te parezca extraño, no es nada fácil. Tu cerebro quiere irse a muchos sitios y así tomas conciencia de la cantidad de ruido que tiene. Si has leído algo sobre meditación, sabrás que uno de los ejercicios iniciales es contar tus respiraciones hasta diez y volver a empezar, siempre que te distraigas tienes que volver a empezar. Me costaba pasar de cuatro antes de que me despistara. Una vez que logras concentrarte en tu respiración comienzas a percibirla de otra manera: eres capaz de forzar para inspirar más por un agujero de la nariz, tres veces, luego por el otro, otras tres veces y luego por los dos, tres veces y volver a empezar. Percibes el aire ascendiendo por los cornetes de la nariz e incluso tienes conciencia de su temperatura. Después de la respiración llegan los ejercicios. La inmensa mayoría de ellos puedes hacerlos después de entrenarte. Algunas personas suelen tener dificultades para visualizar, pero al hemisferio derecho le encanta jugar con imágenes, así que no nos preocupemos. Los ejercicios son visualizaciones que te enseñan a jugar con tu cerebro, a dedicarte tiempo a ti. Es cierto que algunos ejercicios tienen connotaciones religiosas muy potentes y quizás no te gusten. No los hagas, pero creo que es una decisión tuya concederles más o menos importancia. Los ejercicios te darán mucha energía, son sorprendentes. No los hagas justo antes de irte a la cama, porque es posible que luego te cueste dormir. Al principio te cuesta concentrarte en los ejercicios y cuando abres los ojos apenas han pasado cuatro minutos. Poco a poco irás ampliando el tiempo dedicado a la meditación y el problema es cortar y dejarlo. Tampoco quiero decirte que todo sea maravilloso. Yo pasé por una temporada en la que estaba muy enfadado y al comentarlo con alguien que sabe mucho más se sonrió y me dijo: «Sí, suele pasar». Algunas personas abandonan la meditación porque lo pasan muy mal durante los ejercicios y les vienen a la cabeza imágenes que no les gustan nada. Y hay otros que confunden las imágenes con la realidad, pero creo que son una minoría. En cualquier caso, la meditación no está exenta de algunos riesgos, por eso conviene que te busques un buen tutor que te acompañe en tu descubrimiento. Creo que la meditación, junto a la gimnasia cerebral, son dos formas de trabajar directamente con el cerebro, con las que se obtienen buenos resultados y nos aportan salud. Desde luego tienes una mejora de la percepción tanto de ti mismo como de tu entorno. Llegas a captar detalles que antes te pasaban desapercibidos y que te hacen comprender mejor a los demás y a ti mismo.

No quiero insistir más con el tema de la meditación, pero sí quería compartir contigo mi breve y gratificante experiencia en este campo. Como hemisferio derecho que soy (creo que ya te lo había dicho, ¿no?), la meditación me ayuda a concentrarme, cosa que agradezco mucho.

El libro comienza a finalizar. Es una contradicción que a todos nos pasa. De aquí a su final podrás encontrar cuatro secciones más. En dos de ellas «sólo» tienes que leer y las otras dos son para que trabajes un poco. En la primera, haré algunas reflexiones sobre el *neuromanagement* puro y duro, aunque soy consciente de que estas reflexiones son provisionales y que nuevos descubrimientos en el campo de las neurociencias podrían cambiar las conclusiones en breve tiempo. En la segunda, tienes una bibliografía en la que encontrarás referencias de todos los libros citados y de algunos que me parecen interesantes. También encontrarás algunas referencias a películas y páginas *web*.

En este campo debo restringir mucho, porque las películas en las que se reflejan temas del cerebro indirectamente dependen de mi criterio y no tiene por qué ser el tuyo. Yo te propondría que vieras *Sentido y sensibilidad*, pero si me dices que qué tiene que ver con el cerebro, lo pasaría mal. Aunque creo que ambas dominancias cerebrales se ven reflejadas en las dos hermanas de manera magistral, y además tiene una fotografía increíble. Pero estoy de acuerdo en que su inclusión podría ser discutible. Con las páginas *web* me pasa algo parecido. Podría citar muchas, pero creo que ése trabajo es tuyo. Te citaré las que opino que nos pueden dar más ideas para aplicar al *neuromanagement*, pero no es un listado exhaustivo[60].

Los dos anexos me parecen importantes. El primero es la colección de todos los soportes que aparecen en el libro y que debes aplicar para ser un mando que tiene en cuenta el *neuromanagement* y recuerda el concepto amplio de mando que manejamos. Debes aplicarlos a tu equipo. Si quieres reproducirlos hazlo, siempre que sea a pequeña escala y no borres nuestras referencias, porque detrás de ellos hay muchas horas de trabajo. El segundo anexo has debido rellenarlo, como te comenté en la introducción, mientras leías el libro y también puedes usarlo para repasar. Es lo que en *InterManagement* llamamos un «Cuaderno de Bitácora». Es un documento de trabajo que reproduce básicamente los apartados del libro pero que están en blanco. En él debes apuntar qué es lo que has aprendido, lo que crees que puedes aplicar en tu trabajo o en alguna organización a la que pertenezcas, tus propias conclusiones, anécdotas y preguntas clave que te ayuden a reflexionar. Creemos que así podrás sacar mucho más provecho del curso.

---

60 www.neuronilla.com
www.salud.medicinatv.com
www.pfizer.com/cerebro
www.revneurol.com

Capítulo octavo

Algunas reflexiones

1. ¿Se puede ser buen jefe antes de los treinta y cinco años?

Estábamos en plena sesión de *coaching* cuando se abrió la puerta de la sala. Entró un hombre con el semblante desencajado. Pidió disculpas y comentó que necesitaba el resto del día libre porque su hijo iba camino del hospital, aunque esperaban que no fuera grave. Mi tutorado miró la agenda y contestó: «Yo te sustituyo. Vete corriendo y que no sea nada». Su colaborador volvió a pedir excusas y se marchó. Mi tutorado se volvió hacia mí y siguió respondiendo a mi última pregunta exactamente por el mismo sitio en el que lo habíamos dejado. Ejerciendo de tutor, le paré la respuesta y le lancé una batería de preguntas: «¿Conoces a ese hombre? ¿Sabes qué edad tiene su hijo, el que se ha puesto malo? ¿Sabes si es una enfermedad crónica? ¿Sabes a qué hospital ha ido? ¿Puedes ayudarle en algo más? ¿Por qué no le has deseado suerte o le has animado?» Él se me quedó mirando y me contestó: «Pero bueno, ¿por qué me dices todo esto? Él venía con un problema y se lo he solucionado». En ese momento recordé que la edad de mi tutorado, buen jefe y excelente persona, era de veintiséis años.

El cerebro acaba de «construirse» entre los veinticinco y treinta años aproximadamente. La última parte en hacerse, y la primera en deteriorarse, son los lóbulos frontales. Según Goldberg[61], los lóbulos frontales hacen de director de orquesta del resto del cerebro. Son los únicos capaces de sosegar al sistema límbico después de que éste se dispare. Buscan más alternativas a las primeras ideas que se nos ocurren ante una emergencia o un problema. Y también se activan cuando nos damos cuenta del impacto de nuestras acciones en otra persona. Producen la empatía. Todos estos temas son clave para los mandos. Por eso, creo que es pertinente la pregunta que da título a este apartado.

Después de varios años observando a muchos jefes y ejerciendo el mando desde una edad en la que mi cerebro estaba sin acabar, creo que hay algunos errores comunes a los jefes muy jóvenes.

Todos los problemas son técnicos, como en el ejemplo con el que abríamos este apartado. Los planteamientos son cómo solucionar la parte logística de los problemas, pero tardan en preocuparse de la parte humana del problema. No es que a mi tutorado del ejemplo no le preocupase el hijo de su colaborador, es que tardó bastante en caer en la cuenta y un poco más en expresarlo. El interlocutor que esté preocupado verá un frontón en el que parece que rebotan todos los problemas. Son muy poco expresivos, incluso con una dominancia derecha, cuando ejercen de jefes.

Otro error que he podido observar con cierta frecuencia es que no son conscientes del efecto de sus palabras y actos en los demás. Dejan a alguien muy alterado al escuchar alguna expresión que para él o ella no ha tenido importancia alguna. Cuando

---

61 Vid. ELKHONON, G. (2002): El cerebro ejecutivo, Barcelona: Editorial Crítica. Tiene múltiples referencias a lo largo de todo el libro, más abundantes en la segunda parte del mismo. Su lectura es altamente recomendable, ya que tiene mucha información válida para el *neuromanagement*.

alguien se lo hace ver, se quedan pensando que los demás son excesivamente sensibles o dan demasiada importancia a tonterías. Muchas personas de cierta edad, pongamos que de cuarenta y cinco para arriba, se sienten constantemente avasallados y maltratados por jefes muy jóvenes, lo que no facilita la comunicación entre ambos grupos.

No quiero convertir esta sección en un memorial de agravios, así que sólo marcaré un error más: pensar que todo son desafíos. Es muy habitual que nombren jefe de un grupo de profesionales experimentados a un joven con poca experiencia en ese tipo de trabajo. Además del esfuerzo que tienen que hacer para ponerse al día, los jefes muchas veces quieren demostrar que saben más que nadie. Es un error caer en la provocación de unos colaboradores más expertos que no quieren trabajar si su jefe no les dice lo que tienen que hacer. Si éste les da las instrucciones, normalmente serán incompletas o tendrán más de una interpretación, lo que aprovecharán sus «presuntos colaboradores» para cumplirlas al pie de la letra y organizar un desastre completo. Algunos jefes jóvenes han sucumbido por plantear su mando como una batalla contra unos colaboradores poco colaboradores. Cuando me tomo un café charlando con personas que se encuentran en esta situación, siempre les digo dos cosas: tienen derecho a estar cierto tiempo molesto (sobre todo si alguno esperaba obtener el mando) y tienes que hacer que te adopten. Esta frase les produce mucha gracia, pero soy de la opinión de que es cierta. Tu éxito como mando depende de tu gente. Si te lo tomas como un desafío, no vas a lograr su colaboración. Pero un sistema límbico activado, posiblemente con razón, sólo ve desafíos. «Lo hacen para molestarme», «Se van a enterar», «A éstos me los meriendo»,... son expresiones que demuestran que el jefe joven que se toma así esta situación no tiene recursos y quizás el desarrollo de los lóbulos frontales está dificultando la relación.

La pregunta a la respuesta planteada no es fácil. Es evidente que he visto excelentes jefes antes de los treinta años, pero no tengo claro que sean la mayoría. El ser buen jefe depende también (iba a poner sobre todo) de tus colaboradores. Si das con un grupo que te acepta y te protege y tú les correspondes, presumo que se puede ejercer bien el mando. También ayuda si el jefe se deja asesorar por algún amigo o tutor que le de más interpretaciones de la situación y más alternativas de acción (además del vudú y el exilio).

2. *La carrera profesional y el* neuromanagement

«En una jerarquía todo empleado asciende hasta lograr su propio nivel de incompetencia», es el principio de Lawrence Peter que nos persigue como una maldición bíblica. En la carrera profesional suele existir un salto que, aunque bien analizado, no logramos darle una buena solución. Me refiero a ese paso en el que un técnico se convierte en mando. Es un paso clave y muy complicado. Pasar de trabajar solo y responder de tu trabajo, recibir órdenes (y poner verde al jefe) a mandar sobre gente que no hay forma de controlar y además no se comportan de manera racional (es decir, como máquinas) no es fácil. Es muy probable que sea debido a que lo que te hace buen técnico y buen colaborador, te hace mal jefe. Si tomas a alguien con una dominancia izquierda, te encontrarás a un individuo poco empático e inflexible. Si eliges a alguien con una dominancia derecha, te arriesgas a que se descentre o pierda interés al año de haberle nombrado jefe.

Con la edad, me parece observar cierto cruce en las dominancias. Creo que el que ha sido muy creativo comienza a interesarse por otros temas más técnicos y a calmarse en sus planteamientos. Muchos jefes rígidos han mejorado a partir de los cuarenta y se preocupan por los aspectos humanos del mando. De manera que desde el punto de vista del *neuromanagement* parece aconsejable tener cierta edad para acceder al puesto de mando de grandes equipos. La desastrosa gestión de algunas «punto com» parecen confirmarlo (sí lo sé, lo sé, los de *Enrom* no eran precisamente recién licenciados). Pero hemos de contar con que necesitamos jefes jóvenes que aporten empuje a la forma de mandar.

A mí no se me ocurre una solución desde el punto de vista del cerebro y probablemente no deba venir el alivio desde este campo. Al fin y al cabo se trata de un problema organizativo. Creo que el tándem o la codirección entre alguien de cincuenta y cinco años, más o menos, y alguien de veinticinco puede ser una solución. Será más difícil hacer combinaciones entre veintimuchos y treinta y muchos, porque pueden tener mucha competencia por el mismo puesto. Con una generación de por medio, la adopción mutua es más fácil y eficaz. Una vez más vuelvo a pedir clemencia por aquellos que, estando en las edades mencionadas, no encajen con lo que estoy contando. Habría que diseñar figuras administrativas que permitan la coexistencia de dos mandos, uno con experiencia y otro más joven, en los equipos muy grandes, para que el aprendizaje del mando se pudiera dar con cierta tranquilidad. Aunque me parece claro, quiero señalar que el hecho de esta convivencia no significa que el mando joven deba ser una fotocopia del mando experimentado (sería una tragedia).

3. ¿Haremos la selección con un escáner cerebral?

Algunas veces que he charlado sobre el tema del *neuromanagement* siempre se plantea el tema del control cerebral total. «Si un colaborador está desmotivado, le pegamos un golpe de imán en no se qué parte del cerebro y a correr.» Frases de este tipo dejan clara la preocupación por una especie de determinación cerebral manipulada de la conducta. Siempre tengo que hacer una especie de declaración ética de intenciones, pero sé que desde la aparición de campos de concentración y los salvajes experimentos que allí se hicieron esta sensación de desamparo es legítima. Mi mundo ideal es muy variado y, aunque te pueda parecer mentira, no pretendo que todo el mundo haga meditación. Se puede vivir muy bien sin saber nada del cerebro. Pero creo que es una pena que los conocimientos sobre el cerebro no se apliquen al campo del liderazgo. También creo que cometemos errores, algunos de ellos peligrosos, cuando nos confundimos en la forma de mandar según el criterio del *neuromanagement*. Me gustaría haber dejado claro que no pienso que sea el único criterio, ni siquiera el más importante, a la hora de mandar o de gestionarse uno mismo.

Con respecto al miedo a la «neuromanipulación» en el trabajo, desearía comentar algo más. Por ejemplo, en selección de personal podríamos incluir un escáner de los candidatos, pero más por salud que por otra cosa. Un buen cerebro físico no garantiza un buen mando. Le sucede como a un cociente de inteligencia que no garantiza un empleado, un empresario, un emprendedor, un psicólogo, un buen padre/madre,... Tener una habilidad y usarla eficaz y correctamente no se garantizan recíprocamente.

Por otra parte, los que hacemos selección de personal podemos conocer la dominancia cerebral a través de los tests de personalidad laboral y eso no determina la selección del candidato. Hay que tener en cuenta muchos más factores: el entorno, el jefe, el tipo de clientes, las necesidades del trabajo, las necesidades de cambio,... Conocer cómo funciona el cerebro de un candidato podría ayudar a entenderlo, pero, en este caso, no es necesario para la selección.

El libro en sí ya está terminado (al menos en su primera versión). Estoy muy contento y con un dolor de espalda y de ojos considerable. Espero que utilices los anexos y que tengas una nueva perspectiva del mando y la gestión de ti mismo teniendo en cuenta la fisiología del cerebro. A lo largo del libro hemos visto muchos temas, como corresponde a mi dominancia cerebral derecha, y no me veo con fuerzas de hacer un resumen. Sólo recordarte que trabajar con personas es apasionante y conocerlas es la obligación básica de cualquier mando o profesional. Confío en que ahora tengas más ideas y más herramientas para hacer mejor tu trabajo y ayudar a los demás de tu entorno a ser cada vez mejores personas y mejores profesionales. Por mi parte, no me queda nada más que darte las gracias por haber llegado hasta aquí (si te has saltado el libro, vuelve a donde estabas y ve por orden) y, curiosamente, haberme hecho sentir acompañado mientras lo escribía. Espero que esa sensación haya sido mutua durante tu lectura, ya que sería buena señal.

Bibliografía utilizada

ACARÍN TUSELL, Nolasc. "El Cerebro del Rey" Editorial RBA. Barcelona 2001
AVIA, Mª Dolores y VÁZQUEZ, Carmelo. "Optimismo Inteligente". Alianza Editorial. Madrid 2004
BRAIDOT P., Néstor. "Neuromarketing". Editorial puerto NORTE-SUR. Madrid 2005
BRAIDOT P., Néstor. "Venta Inteligente" El método de venta neurorrelacional. Editorial puerto NORTE-SUR. Madrid 2006
BRIZENDINE, Louann. "El Cerebro Femenino" Editorial RBA. Barcelona 2007
CHALVIN, Marie Joseph. "Los Dos Cerebros en el Aula". TEA Ediciones. Madrid 2003
DAMASIO, Antonio R. "El Error de Descartes". Editorial Crítica. Barcelona 2001
DAMASIO, Antonio R. "En Busca de Spinoza". Editorial Crítica. Barcelona 2006
GOLDBERG, Elkhonon. "El Cerebro Ejecutivo". Editorial Crítica. Barcelona 2002
GOLDBERG, Elkhonon. "La Paradoja de la Sabiduría". Editorial Crítica. Barcelona 2006
GOLEMAN, Daniel. "El Punto Ciego". Editorial Plaza y Janés. Barcelona 1997
GOLEMAN, Daniel. "Inteligencia Social". Editorial Kairós. Barcelona 2006
HERRMANN, Ned. "The Whole Brain Business Book". Editorial Mc Graw Hill. New York 1996
JOHNSON, Steven. "La Mente de Par en Par". Editoriales Turner y Fondo de Cultura Económica. Madrid 2006
PINKER, Steven. "Cómo Funciona la Mente". Editorial Destino. Barcelona 2000
PINKER, Steven. "La Tabla Rasa". Editorial Paidós. Barcelona 2003
PUENTE FERRERAS, Aníbal. "El Cerebro Creador". Alianza Editorial. Madrid 1999
RAMACHANDRAN y BLAKESLEE. "Fantasmas en el Cerebro". Editorial Debate. Madrid 1999
RATEY, John J. "EL Cerebro: Manual de Instrucciones". Editorial Mondadori. Barcelona 2002
ROYSTON, M Roberts. "Serendipia". Editorial Alianza. Madrid 2004

RUBIA, Francisco J. "El Cerebro nos engaña". Ediciones Temas de Hoy. Madrid 2007

RUBIA, Francisco J. "¿Qué Sabes de tu Cerebro?". Ediciones Temas de Hoy. Madrid 2006

RUBIA, Francisco J. "El Sexo del Cerebro". Ediciones Temas de Hoy. Madrid 2007

MANZANERA, Juan. "El Placer de Meditar". Ediciones Drama. Novelda (Alicante) 1998

MATURANA, Humberto y VARELA, Francisco. "El Árbol del Conocimiento". Editorial Lumen. Buenos Aires 2003

MICHALKO, Michael. "ThinkerToys". Editorial Gestión 2000. Barcelona 2001

MICHALKO, Michael. "Los Secretos de los Genios de la Creatividad. Cracking Creativity". Editorial Gestión 2000. Barcelona 2002

MOFFETT, Shannon. "El Enigma del Cerebro". Ediciones Robinbook. Barcelona 2007

MORA, Francisco. "El Reloj de la Sabiduría". Alianza Editorial. Madrid 2001

MORA, Francisco. "El Cerebro Íntimo". Editorial Ariel. Barcelona 1996

MORA, Francisco. "Cómo Funciona el Cerebro". Alianza Editorial. Madrid 2005

MORA, Francisco. "Neurocultura". Alianza Editorial. Madrid 2007

PUNSET, Eduardo. "El Alma Está en el Cerebro". Editorial Aguilar. Madrid 2006

SACKS, Oliver. "El Hombre que Confundió a su Mujer con un Sombrero". Muchnik Editores. Barcelona 1987

SCHACTER, Daniel. "En Busca de la Memoria". Ediciones B. Barcelona 1999

SENGUE, Peter. "La Vª Disciplina. Editorial Granica. Barcelona 1994

SENGUE, Peter. "La Quinta Disciplina en la Práctica". Editorial Granica. Barcelona 1995

SPRINGER, Sally y DEUTSCH, Georg. "Cerebro Izquierdo, Cerebro Derecho". Editorial Ariel. Barcelona 2001

WUJEC, Tom. "Gimnasia Mental". Ediciones Martínez Roca. Madrid 2006

Anexos

Anexo I
Soportes para neuromanagement

¿Qué dominancia cerebral es la mía?

Supongo que la mejor manera de averiguarlo sería someterle a un PET o una resonancia magnética y obligarle a hacer algunas actividades cerebrales y así podríamos «descubrir» a su hemisferio dominante. Pero creo que no tenemos ninguno de esos aparatos a mano, así que nos tendremos que conformar con una lista de chequeo. Para ello he reunido las características operativas que, según diversos autores, tiene cada uno de los hemisferios. Haga la lista tratando de buscar ejemplos de su trabajo o su vida cotidiana que confirmen o desmientan cada uno de sus ítems. Sólo debe tener en cuenta los que marque como positivos.

Dominancia de hemisferio izquierdo	
Me gustan los problemas técnicos	SÍ / NO
Sé perfectamente lo que voy a hacer en el día y la semana	SÍ / NO
Creo que cualquier problema tiene una solución técnica	SÍ / NO
Me gustan las listas de chequeo	SÍ / NO
No suelo hacer muchos gestos	SÍ / NO

Me gusta usar jerga técnica	SÍ / NO
Los sentimientos son secundarios en un problema	SÍ / NO
Soy capaz de recordar exactamente fechas y citas	SÍ / NO
No hay nada como un buen modelo	SÍ / NO
Me gustan los flujogramas	SÍ / NO
Soy muy metódico	SÍ / NO
Me encanta estudiar a fondo los detalles de un problema	SÍ / NO
Charlar con la gente suele ser una pérdida de tiempo	SÍ / NO
Me podría definir como conservador, en general, no en política	SÍ / NO
Me gusta encontrar la palabra precisa	SÍ / NO
Me encanta escribir procedimientos	SÍ / NO
No me cuesta estudiar un problema muchas horas	SÍ / NO
La experiencia es fundamental en un profesional	SÍ / NO
Me encanta trabajar con máquinas	SÍ / NO
Soy capaz de encontrar mínimos errores en los extractos bancarios	SÍ / NO
Leo los manuales técnicos antes de encender un aparato nuevo	SÍ / NO
Me encantan los sudokus	SÍ / NO
La gente creativa me parece desconcertante	SÍ / NO
Conozco perfectamente mis metas de este año	SÍ / NO
TOTAL DE SÍES	

Dominancia de hemisferio derecho

Soy creativo, incluso cuando menos lo espero	SÍ / NO
Descubro con facilidad los sentimientos de otras personas	SÍ / NO
Sé cómo motivar a otros	SÍ / NO
Me gusta presentarme voluntario a proyectos y equipos	SÍ / NO
Tengo mucha curiosidad	SÍ / NO
Me gusta pensar cómo será una situación dentro de cinco años	SÍ / NO
Me divierto mucho en una tormenta de ideas	SÍ / NO
Me encantan las buenas historias	SÍ / NO
Empleo la intuición durante el trabajo	SÍ / NO
Lo paso muy bien charlando con la gente	SÍ / NO
Me gusta conocer gente	SÍ / NO
La armonía en un equipo me parece fundamental	SÍ / NO
Me duelen mucho las críticas	SÍ / NO

Disfruto convenciendo a alguien	SÍ / NO
Tengo mucho humor	SÍ / NO
Me encanta investigar sin hipótesis de trabajo	SÍ / NO
Veo un problema desde varios puntos de vista	SÍ / NO
Disfruto con las presentaciones ante grupos pequeños	SÍ / NO
En mi conversación salto de un tema a otro sin problemas	SÍ / NO
Tengo mucha imaginación	SÍ / NO
Soy capaz de ver un problema globalmente	SÍ / NO
Me es fácil describir y evaluar comportamientos	SÍ / NO
Trabajo bien en equipo	SÍ / NO
Me identifico bien con la empresa	SÍ / NO
TOTAL DE SÍES	

Puntuación de dominancia cerebral izquierda	Puntuación de dominancia cerebral derecha

Enhorabuena, ya sabes de qué hemisferio cojeas.

Dominancia cerebral de mis colaboradores

Debemos conocer la dominancia de mis colaboradores para podernos ajustar a sus necesidades. Por «colaboradores» no entiendas sólo a tus subordinados jerárquicos, también lo son tus clientes, proveedores, colegas, colaboradores en proyectos transversales. Si tienes dudas, revisa el cuadro anterior aplicándoselo a tu colaborador.

Dominancia cerebral de las personas con las que trato habitualmente	
Nombre (o clave)	**Hemisferio dominante**

Focalizar y generalizar

Con este cuadro podrás pensar en los problemas usando ambos hemisferios. Focaliza buscando detalles, procesos y rutinas. Generaliza viendo el problema desde distintas perspectivas: económica, humana, tecnológica,...

Focalizar y generalizar	
Descripción del problema	
Focalizar (hemisferio izquierdo)	Generalizar (hemisferio derecho)
Posibles soluciones	

Dar órdenes según la dominancia

Cuando tengas que dar una orden, debes tener en cuenta la dominancia cerebral de tu interlocutor. Si no te sueles entender con alguno de tus colaboradores, merece la pena que revises esta lista de chequeo y te replantees la forma en la que transmites tus órdenes.

Cómo dar órdenes a una dominancia de hemisferio derecho	Cómo dar órdenes a una dominancia de hemisferio izquierdo
• Dar una imagen global del trabajo	• Insistir en el factor humano del trabajo
• Marcar las etapas o jalones más importantes	• Dar directrices generales sobre el ambiente que queremos con el cliente
• Indicar la metodología a seguir, explicando por qué no son correctas otras	• Preguntar por las técnicas o metodologías a seguir
• Señalar detalles que nos parezcan importantes	• Discutir alternativas técnicas
• Poner ejemplos	• Marcar claro cómo queremos la comunicación y su frecuencia con el cliente y nosotros
• Marcar objetivos finales cuantitativos	• Señalar la legitimidad de los intereses de los clientes
• Simplificar el proceso lo máximo posible	• Marcar el trato que queremos dar a los clientes
• Poner límites a la comunicación con el cliente durante el trabajo	• Señalar los resultados NO cuantitativos
• Facilitarle la comunicación conmigo durante el trabajo si tiene dudas o se encuentra confuso	• No dar temas obvios por supuestos

Motivar según la dominancia

Tratar de motivar no es fácil. Por desgracia, sí lo es equivocarse y desmotivar. Aquí encontrarás pistas sobre cómo relacionarse con tus colaboradores según su dominancia para que estén motivados en su trabajo.

Cómo motivar a un hemisferio izquierdo	Cómo motivar a un hemisferio derecho
• Dejarle escoger la técnica a aplicar • Evitarle la exposición al público • Tener la última tecnología disponible • Destacar la precisión técnica de un trabajo suyo o de sus colaboradores • Presentarle a un gurú técnico • Participar en un curso técnico • Trabajos ajustados a normativa	• Dejarle trabajar con creatividad • Dejarle elegir la forma de tratar el «factor humano» • Dejarle exponer su trabajo • Equilibrar su vida profesional y familiar • Tener una charla tranquila con su jefe • Presentarle a un gurú de sus temas • Nombrarle un tutor durante un proyecto importante

Rectificar según la dominancia

Rectificar una dominancia izquierda	Rectificar una dominancia derecha
• Mostrar las consecuencias «humanas» de su comportamiento • Trabajar con datos • Que no se justifique demasiado • Pedirle un «plan» alternativo • Priorizar el trato con las personas en el nuevo plan	• Mostrar las consecuencias «técnicas» de su comportamiento • Trabajar con historias • Dejarle que se desahogue • Pedirle acciones y cambios de concepto • Priorizar el cuidado de los detalles

Dominancia cerebral y rol de equipo

Dominancia por heminsferio	Rol de equipo	Contribución	Debilidad permitida
D	Cerebro	Creativo, imaginativo, poco ortodoxo. Resuelve problemas difíciles	Ignora los incidentes. Absorto en los pensamientos no sabe comunicarlos
I	Coordinador	Maduro, seguro de sí mismo. Aclara las metas a alcanzar. Promueve la toma de decisiones. Delega	Puede ser manipulador. Se descarga de trabajo propio
D	Monitor evaluador	Serio, perspicaz. Estratega. Percibe todas las opciones. Juega con exactitud	Carece de iniciativa y de habilidad para inspirar a otros
I	Implantador	Disciplinado, leal, conservador y eficiente. Transforma las ideas en acciones	Inflexible en cierta medida. Lento en responder a nuevas posibilidades
D	Finalizador	Esmerado, concienzudo, ansioso. Busca los errores y las omisiones. Finaliza en plazo	Tiende a preocuparse en exceso. Dificultades claras para delegar
I	Investigador de recursos	Extravertido, entusiasta. Busca nuevas oportunidades. Desarrolla contactos	Demasiado optimista. Pierde el interés cuando los proyectos pasan la primera etapa
I	Impulsor	Retador, dinámico, trabaja bien bajo presión. Tiene iniciativa y coraje	Propenso a provocar. Ofende sin necesidad
D	Cohesionador	Cooperador, apacible, perceptivo, diplomático, impide enfrentamientos	Indeciso en situaciones cruciales
I	Especialista	Sólo le interesa una cosa al tiempo. Aporta cualidades y conocimientos específicos	Contribuye sólo cuando se trata del tema del que es especialista. Se pierde por los tecnicismos

Tres roles derechos y seis roles izquierdos. Si la herramienta es completa (y es muy buena), parece que los equipos precisan más técnicos que personas creativas y centradas en las personas. Pero lo interesante son los roles que juegan en equipos de proyectos. Todo proyecto tiene un inicio, una crisis, un desarrollo y un final, según *el modelo de Tucker*. Podemos cruzarlo con el modelo de Belbin y el de dominancia de hemisferios y encontramos información curiosa. En un proyecto se necesitan los siguientes roles:

Inicio	Investigador de recursos	Hemisferio derecho
	Cerebro	Hemisferio derecho
Crisis	Monitor evaluador	Hemisferio izquierdo
	Cohesionador	Hemisferio derecho
Desarrollo	Cerebro	Hemisferio derecho
	Coordinador	Hemisferio izquierdo
	Implantador	Hemisferio izquierdo
	Especialista	Hemisferio izquierdo
Final	Especialista	Hemisferio izquierdo
	Finalizador	Hemisferio izquierdo
	Investigador de recursos	Hemisferio derecho

Presentaciones en público e intolerancias (por dominancia cerebral)

Intolerancias izquierdas ante las presentaciones en público	Intolerancias derechas ante las presentaciones en público
• Errores en los datos • Errores en el formato • Errores en una fuente de datos • Tomar una palabra parecida por la palabra exacta • Cambiar la presentación sobre la marcha	• Demasiados datos • Falta de modelo • Falta de sensibilidad al factor humano • Tomarse demasiado en serio (ningún rasgo de humor) • Contar mal una historia

Preparar una presentación eficaz teniendo en cuenta las dominancias cerebrales del público

Dar una charla puede convertirse en un pequeño infierno y no lograr que nadie salga contento. Aquí encontrará consejos y herramientas para contentar a ambas dominancias cerebrales.

Dominancia izquierda	**Sí /no**
Ideas claras	
Pocas ideas	
Explicitar la lógica de la exposición	
Dar datos	
Dar fuentes de datos	
Ejemplos	
Casos	
Dar lecturas breves	
Dar bibliografía	
Dar teoría / modelos	
Dejar claro el proceso	
Dejar claras las habilidades	
Lecturas / más amplias que en el caso anterior	
Casos para comentar	
Cuidar mucho las formas y el diseño	

Dominancia derecha	
Dejar que expresen sus ideas	
Ejercicios para lograr el consenso	
Dejar que aporten su experiencia personal	
Casos orientados a problemas interpersonales	
Trabajos de equipo	
Construir conceptos evaluados	
Ejercicios en equipo	
Soportes visuales	
Aprendizaje individual y creativo	
Proyecciones de futuro	
Pequeñas investigaciones	

Soporte sobre incomprensiones mutuas

- Debe tener su dominancia cerebral identificada
- Busque incomprensiones mutuas y piense en situaciones laborales (o familiares) en las que han aparecido y entorpecido la relación.
- Identifique momentos significativos de acciones que les resultaron molestos o dolorosos y busque nuevas atribuciones.

Mi dominancia cerebral es:
Tengo incomprensiones con:

Momento significativo (*)	Nuevas atribuciones

(*) Son momentos en los que interpretamos el lenguaje o la acción de un colaborador, pero no sabemos lo que hace o dice. Estamos dando nuestra opinión sin tener en cuenta su intención.

Pedagogía según dominancia cerebral

Aquí tiene pistas para preparar las clases y llegar a todo tipo de cerebro. Las ideas están sacadas del libro de Marie Joseph Chalvin *Los dos cerebros en la aula*.

Pedagogía para el hemisferio izquierdo

- Utilizar el manual
- Terminar el programa
- Proporcionar hechos
- Insistir en la teoría
- Dar definiciones precisas
- Dar referencias
- Dar esquemas abstractos
- Dar cifras y estadísticas
- Trabajar con informática
- Partir de la hipótesis, de la ley, para llegar a la experimentación
- Ir de lo más sencillo a lo más difícil para estimular su espíritu de competición
- Dar instrucciones estrictas
- Proporcionar documentos impecables
- Proponer objetivos a corto plazo bien definidos
- Hacer prototipos
- Darle tiempo a establecer relaciones con lo que ya conoce
- Ser respetuoso con su territorio

Y procurar que se abra a otras formas de pensar:
- Darle modelos para que aborde ejercicios nuevos
- Evaluar de manera que perciba sus progresos
- Resumirle las clases
- Enseñarle a ver las cosas en su globalidad

Pedagogía para el hemisferio derecho

- Crear un ambiente cálido y acogedor
- Establecer un diálogo eficaz (no constante)
- Partir de su experiencia
- Realizar gestos eficaces
- Favorecer los trabajos en grupo
- Partir de imágenes personales hacia la abstracción
- Conceder funciones de representación y negociación
- Utilizar ejemplos concretos
- Favorecer la creatividad
- Utilizar el humor
- Proponer juegos de papeles
- Darle la posibilidad de hablar, de decir ideas incongruentes al margen de las lecciones
- Dejarle inventar

Y procurar que se abra a otras formas de pensar:

- Ordenar las ideas
- Pedirle que justifique sus respuestas
- Reconstruir el camino de pensamiento que le ha llevado a una respuesta espontánea
- Hacer que reconstruya el principio desde un final dado
- Darle confianza
- Enseñarle a hablar de sus emociones
- Actuar como el abogado del diablo
- Poner límites: normas, tiempo

Anexo II

Cuaderno de bitácora

Este documento es para que escribas en él tu viaje a través del libro. Recuerda: «tu» viaje. No se trata de que hagas un resumen, sino «tu» resumen. Si vas de viaje y te llevas un cuaderno, en él anotarás lo que te ha gustado o disgustado, lo que te ha llamado la atención, tus comentarios y curiosidades. Para eso es este cuaderno de bitácora. Poco a poco lo irás completando, por lo que podrás aprender mucho más que si lo lees «a secas».

Tienes una reproducción de los títulos de los apartados principales del libro. Son las etapas de «tu» viaje. Puedes hacer pequeñas investigaciones, entrevistas, contar historias de tu trabajo y analizarlas desde los criterios del *neuromanagement*. Entra en las páginas *web* recomendadas y busca otras nuevas.

Adelante y suerte en este viaje que ahora empiezas.

1. Algunos datos sobre el cerebro

Temas: Fisiología del cerebro «para mandos». El mismo cerebro que los primitivos. Los tres cerebros de Mac Lean. Estructura del cerebro. Diferencias entre hemisferios. Casi dos cerebros. Los sentidos se cruzan..., casi todos. Características de cada hemisferio. El concepto de dominancia. Algunas notas sobre diferencias entre cerebros masculinos y femeninos.

Notas

Recursos:

Preguntas para pensar

2. ¿Qué es el *neuromanagement*?

Temas: Una definición aproximada. Una posible evolución.

Notas

Recursos:

Preguntas para pensar

3. ¿Cómo impacta lo que sabemos del cerebro sobre el *management*: es decir, *neuromanagement*? (1ª parte)

Temas: La fisiología: la velocidad y los dos hemisferios condicionan el *management*. ¿Qué dominancia cerebral es la mía? La toma de decisiones. Cómo dar órdenes. Cómo delegar. Cómo motivar. Cómo rectificar. Trabajo en equipo. Presentaciones en público, y además eficaces. La comunicación.

Notas

Recursos:

Preguntas para pensar

4. El modelo de Ned Herrmann

Temas: El modelo de Ned Herrmann. El cerebro del experto. El cerebro del organizador. El cerebro del comunicador. El cerebro del estrategan.

Notas

Recursos:

Preguntas para pensar

5. Incomprensiones mutuas

Temas: Jefe experto y colaborador comunicador. Jefe estratega y colaborador organizador. Jefe comunicador y colaborador experto. Jefe organizador y colaborador estratega.

Notas

Recursos:

Preguntas para pensar

6. ¿Cómo afecta a algunas técnicas de RR.HH.? *Neuromanagement* (2ª parte)

Temas: Tipo de liderazgo. La evaluación de desempeño. La detección de necesidades de formación. Impartir formación. Tutorías y *coaching*.

Notas

Recursos:

Preguntas para pensar

7.1. Consejos para empresas

Temas: Tener en cuenta el cerebro. El miedo en la empresa. Horarios razonables. Plus en las evaluaciones de desempeño para los cerebros menos frecuentes. Cursos para entrenar el cerebro. Lugares para pensar. Premios de identificación de problemas. Círculos de calidad. Fomente la siesta de veinte minutos. Rotaciones entre Departamentos. Café con el director general. Visitar a los clientes y proveedores. Revisión médica..., cerebro incluido.

Notas

Recursos

Preguntas para pensar

7.2. Consejos para unidades de trabajo y jefes

Temas: Conozca su dominancia, la de sus colaboradores y actúe en consecuencia. Domine todos los lenguajes cerebrales. Enfadados, no gracias. Crear equipos con todo tipo de dominancia. Necesidad de *rapport*. Analizar la forma en la que se trabaja. Técnicas de resolución de problemas en equipo. Aumentar la conciencia. Ritual para pensar. Ritual del café. Entrevístese más y reúnase menos. Aprender de otro campo. Cambie de sitio.

Notas

Recursos

Preguntas para pensar

7.3. Consejos para las personas

Temas: Conozca su cerebro. Ubíquese en un puesto óptimo para su cerebro. Entrene a su cerebro: gimnasia cerebral. «El Placer de Meditar». Aumentar la conciencia. Piense y actúe. Consejos para hemisferios izquierdos: Cambie de perspectiva. Busque más soluciones. Trabaje las atribuciones. Tómese un día libre. El «café» como aliado. No se aísle. Consejos para hemisferios derechos: Cuide los detalles. Repase, profundice en los temas. Simplifique el trabajo. Ordene. El seguimiento es importante. Concéntrese.

Notas

Recursos

Preguntas para pensar

8. Algunas reflexiones

Temas: ¿Se puede ser un buen jefe antes de los treinta y cinco? La carrera profesional y el *neuromanagement*. ¿Haremos la selección con un escáner cerebral?

Notas

Recursos

Preguntas para pensar

Otros comentarios

Sobre el autor

Sergio Cardona Herrero (Valencia, 1961) es licenciado en CCPP y Sociología, especialista en Psicología Social por la Universidad Complutense de Madrid y Máster en Gestión Comercial (ESIC). Comenzó su andadura profesional en el Ayuntamiento de Madrid. Ha desarrollado su trayectoria en el campo de los recursos humanos en Data General, Bull, FEVE, Sigla, y la consultora CADE. En la actualidad es Socio Director de la consultora INTERMANAGEMENT en Madrid. Imparte cursos de Comunicación, Liderazgo, Herramientas de Gestión, Trabajo en Equipo... y *Neuromanagement*, claro. Seleccionador de personal, *coach* y consultor de RRHH.Desarrolla su actividad profesional en España y México. Profesor de Funciones Directivas en la escuela internacional ESCP – EAP. Lector asombrado de libros sobre el cerebro en sus diversas facetas, busca la aplicación de los conocimientos de la neurocultura a la gestión y al liderazgo. Escribió *Entrevistas de Selección de Personal*. Ah, canta como bajo en el coro de la Asociación Musical de su pueblo.

Correo electrónico: neurogestion@inter-management.com

Otros títulos

El Mayor Activo

Cómo gestionar la valiosa aportación de los mayores de 55 años en la empresa

La gestión de personas, siempre orientada a empleados de mediana edad y a jóvenes con potencial, deberá adoptar medidas y desarrollar instrumentos para gestionar a un colectivo al que se ha considerado tradicionalmente en el declinar de la aportación de valor.

Enrique Arce • Francisco Betés

Gestión de personas peoplematters

Los diez pecados capitales del jefe

...o cuando el jefe daña la productividad y la felicidad

Los «jefes» son imprescindibles en todas las organizaciones (empresa, escuela, familia). De su buen hacer depende en gran medida el éxito o fracaso de ellas. Este manual va dirigido a quienes quieren mejorar su trabajo como «jefes» y a quienes comienzan la difícil tarea del liderazgo.

Leo **Farache**

Economía y personas

Guía para los trotamundos de cuello blanco

Manual imprescindible para la internacionalización de las empresas

¿Cómo se prepara una misión internacional? ¿Por qué se enfadaron mis anfitriones rusos al verme entrar con ese abrigo? ¿Cómo puedo planificar la implantación de mi fábrica en Brasil? Un libro destinado a aquellos que se enfrentan al reto de liderar un proyecto de expansión exterior.

Carlos **González de Escalada**

Economía y empresa

Hago el amor con mi mujer, ¿es grave?

Manual de ventas para los (todavía no) vendedores

La función de ventas es imprescindible para cualquier empresa. Este manual va dirigido a quienes desarrollan su trabajo como vendedores, y a quienes dan sus primeros pasos en este arte. Un viaje optimista y divertido en el que llegará hasta el corazón de los clientes. Y al suyo propio.

Ángel **Escribano**

Economía y personas